吉林省职业教育"十四五"规划教材

文化和旅游部"提质培优行动计划"项目

高等职业教育教学改革融合创新型教材·旅游类

Canting Fuwu Jineng

餐厅服务技能

（第五版）

王　敏　陈　金　主　编

庞志有　副主编

价值引领，助立德树人
理实结合，提高实用性
项目教学，增强互动性
岗课赛证，育技能人才
配套资源，方便教与学

东北财经大学出版社
Dongbei University of Finance & Economics Press

国家一级出版社
全国百佳图书出版单位

吉林省职业教育"十四五"规划教材

文化和旅游部"提质培优行动计划"项目

高等职业教育教学改革融合创新型教材·旅游类

Canting Fuwu Jineng

餐厅服务技能

（第五版）

王　敏　陈　金　主　编

庞志有　副主编

工作手册式教材

价值引领，助立德树人
理实结合，提高实用性
项目教学，增强互动性
岗课赛证，育技能人才
配套资源，方便教与学

东北财经大学出版社
Dongbei University of Finance & Economics Press

国家一级出版社
全国百佳图书出版单位

吉林省职业教育"十四五"规划教材

文化和旅游部"提质培优行动计划"项目

高等职业教育教学改革融合创新型教材·旅游类

Canting Fuwu Jineng

餐厅服务技能

（第五版）

王　敏　陈　金　主　编

庞志有　副主编

东北财经大学出版社　大连

Dongbei University of Finance & Economics Press

图书在版编目（CIP）数据

餐厅服务技能 / 王敏，陈金主编. —5版. —大连：东北财经大学出版社，2023.8（2025.1重印）
（高等职业教育教学改革融合创新型教材·旅游类）
ISBN 978-7-5654-4913-0

Ⅰ．餐… Ⅱ．①王… ②陈… Ⅲ．餐馆-商业服务-高等职业教育-教材 Ⅳ．F719.3

中国国家版本馆CIP数据核字（2023）第142543号

东北财经大学出版社出版
（大连市黑石礁尖山街217号 邮政编码 116025）
网 址：http://www.dufep.cn
读者信箱：dufep@dufe.edu.cn
大连天骄彩色印刷有限公司印刷 东北财经大学出版社发行
幅面尺寸：185mm×260mm 字数：325千字 印张：14.5
2023年8月第5版 2025年1月第2次印刷
责任编辑：魏 巍 责任校对：宋雪凌
封面设计：原 皓 版式设计：原 皓
定价：45.00元

教学支持 售后服务 联系电话：（0411）84710309
版权所有 侵权必究 举报电话：（0411）84710523
如有印装质量问题，请联系营销部：（0411）84710711

富媒体智能型教材出版说明

"财经高等职业教育富媒体智能型教材开发系统工程"入选国家新闻出版广电总局新闻出版改革发展项目库，并获得文化产业专项资金支持，是"国家文化产业资金支持媒体融合重大项目"。项目以"融通""融合""共建""共享"为特色，是东北财经大学出版社积极落实国家推动传统媒体与新媒体融合发展的重要举措之一。

"财济书院"智能教学互动平台是该工程项目建设成果之一。该平台通过系统、合理的架构设计，将教学资源与教学应用集成于一体，具有教学内容多元呈现、课堂教学实时交互、测试考评个性设置、用户学情高效分析等核心功能，是高校开展信息化教学的有力支撑和应用保障。

富媒体智能型教材是该工程项目建设成果之二。该类教材是我社供给侧结构性改革探索性策划的创新型产品，是一种新形态立体化教材。富媒体智能型教材秉持严谨的教学设计思想和先进的教材设计理念，为财经职业教育教与学、课程与教材的融通奠定了基础，较好地避免了传统教学模式和单一纸质教材容易出现的"两张皮"现象，有助于教学质量的提高和教学效果的提升。

从教材资源的呈现形式来说，富媒体智能型教材实现了传统纸质教材与数字技术的融合，通过二维码建立链接，将VR、微课、视频、动画、音频、图文和试题库等富媒体资源丰富地呈现给用户；从教材内容的选取整合来说，其实现了职业教育与产业发展的融合，不仅注重专业教学内容与职业能力培养的有效对接，而且很好地解决了部分专业课程学与训、训与评的难题；从教材的教学使用过程来说，其实现了线下自主与线上互动的融合，学生可以在有网络支持的任何地方自主完成预习、巩固、复习等，教师可以在教学中灵活使用随堂点名、作业布置及批改、自测及组卷考试、成绩统计分析等平台辅助教学工具。

富媒体智能型教材设计新颖，使用便捷。使用富媒体智能型教材的师生首先进入"财济书院"（www.idufep.com）平台完成注册，然后登录"财济书院"建立或找到班级，进入教材对应课程，就可以开启个性化教与学之旅。

"重塑教学空间，回归教学本源！""财济书院"平台不仅仅是出版社提供教学资源和服务的平台，更是出版社为作者和广大院校创设的一个教学空间，作者和院校师生既是这个空间的使用者和消费者，也是这个空间的创造者和建设者，在这里，出版社、作者、院校共建资源，共享回报，共创未来。

最后，感谢各位作者为支持项目建设所付出的辛劳和智慧，也欢迎广大院校在教学中积极使用富媒体智能型教材和"财济书院"平台，东北财经大学出版社愿意也必将陪伴广大职业教育工作者走向更加光明而美好的职教发展新阶段。

东北财经大学出版社

第五版前言

在文旅融合的时代背景下，在餐饮业数字化趋势日益鲜明的行业背景下，在《教育强国建设规划纲要（2024—2035年）》等政策的指导下，职业院校有责任为行业培养更多技能突出、知识丰富、价值观正确的餐饮行业高素质技术技能人才。

本书以习近平新时代中国特色社会主义思想为指导，全面贯彻党的二十大精神，以打造"培根铸魂、启智增慧"的高质量教材为目标，积极落实立德树人根本任务。同时，考虑到职业院校学生的学情特点和职业教育的一般规律，本书突出"以学习者为中心"的职业教育理念，深化产教融合、校企合作，推进教材、教法改革，更加注重教材内容的职业性、实践性和开放性。

基于以上考虑，在本次修订过程中，本书主要具有以下特点：

1.融入思政元素，积极落实立德树人

党的二十大报告提出，"培养造就大批德才兼备的高素质人才，是国家和民族长远发展大计""育人的根本在于立德"。基于此，本书在修订过程中立足职业院校旅游专业人才培养的特色及要求，深挖思政元素，通过提出"素养目标"、明确"服务理念"、倡导"德技兼修"，弘扬劳动光荣、技能宝贵，坚定文化自信，从而不断提高学生的思想道德素养，引导学生树立正确的国家观、历史观、民族观、文化观，提高学生的职业荣誉感、社会责任感和创新创业精神。

2.工作手册式设计，提高实用性与灵活性

本书以餐饮企业的典型工作任务为依据，以餐厅的真实工作过程为主线，对餐厅服务必备的技能进行手册式编写。每个工作项目下都设计了"学习目标""工作导入""知识储备""训练指导""工作要点""学习评价与记录""工作项目小结""工作项目测试"等栏目，学习者可以将"学习目标""知识储备""工作要点""工作项目小结"等内容组装成一本"知识手册"，也可以将"工作导入""训练指导""学习评价与记录""工作项目测试"等内容组装成一本"实训指导手册"。这样的设计既有利于推动教学方法的改革，又符合以学生为中心的教学系统安排，提高了本书的实用性与灵活性。

3.校企双元开发，及时反映行业新技能

此次修订，我们邀请了企业专家深度参与，紧密结合餐饮行业发展趋势和人才需求，及时将餐饮数字化服务、数字化管理等行业新知识、新技术、新规范融入教材内容之中，如电子点菜系统、智能送餐机器人等，将实际工作情境中的案例引入教材，使教材内容与行业发展同步，与企业工作内容同步，体现职业教育特色。

4."岗课赛证"融通，突出产教深度融合

本书在修订过程中，一方面立足典型工作岗位设计课程内容，另一方面融入全国职业院校技能大赛酒店服务赛项内容及"1+X"餐饮服务管理职业技能等级证书考试内容，将岗位任务、课堂教学、技能竞赛和资格认证融为一体，体现了"岗课赛证"综合育人，实现了理实一体化的教学模式，突出了产教深度融合。

5.配套丰富资源，促进多元主体学习

本书充分运用信息技术，配套了丰富的数字资源，并以二维码的形式呈现，从而使本书内容更精练、教学方式更灵活、学习效果更显著。这些数字资源使包括但不限于高职院校学生、餐饮行业工作人员、其他行业工作人员等有效参与学习，形成了多元学习主体，有助于建设学习型社会，为学习者终身学习提供了良好的资源基础。其中，"在线课堂""操作视频""模拟对话""情景案例""作品欣赏"使教学中的重点与难点更易于理解，提高了学习者学习的自主性。每个工作项目后的"在线测评"采用即测即评的形式，方便学习者快速发现学习中的不足。同时，本书还配有授课PPT、教学大纲、教学日历等教学资源供教师使用。

本书由长春职业技术学院王敏、陈金任主编，长春职业技术学院庞志有任副主编，长春和润艺术酒店李淑影参编。具体编写分工如下：王敏编写走进餐厅、工作项目一、工作项目二、附录，庞志有和李淑影编写工作项目三，陈金编写工作项目四。全书由王敏统纂定稿。

本书在编写过程中借鉴了国内外专家学者的相关理论和研究成果，在此向各位深表感谢！本书的顺利出版离不开有关专家、企业、学生的热情帮助与支持。衷心感谢东北财经大学出版社魏巍编辑、职业餐饮网王彬总经理的帮助和指导。真挚感谢长春和润艺术酒店、长春华友开元名都酒店等合作企业提供拍摄场地。非常感谢长春职业技术学院苗洪洋、刘星宇、曲雪、罗春童、随缘、姜宛彤、朱熹泽、王伟、李博勋、臧玉松等同学对课程资源拍摄的辛苦付出。

虽然我们力求体现本书的系统性、实用性、互动性等特色，但限于水平等原因，书中难免存在不足之处，恳请广大读者批评指正。

编　者
2025年1月

目　录

数字资源目录

走进餐厅

餐饮部是现代酒店中的一个重要部门，它不仅能为酒店创造较好的经济效益，而且能为酒店在社会上树立良好的企业形象提供一个窗口。同时，餐饮部也是向国内外客人介绍和宣传中国饮食文化的重要场所。

餐厅是餐饮部组织机构中的重要组成部分，是指通过销售菜肴、酒水及提供配套服务以获取经济效益的场所。餐厅服务是指餐厅服务员帮助客人完成进餐行为的过程。

一、餐厅应具备的条件

1.齐全的设施设备

具备一定数量的餐桌、餐椅、工作台以及各种餐用具，是开设餐厅最基本的条件。

2.齐全的服务产品

餐厅既可以向客人提供有形的菜点、酒水等餐饮实物产品，还可以提供高质量的服务产品等。餐饮实物产品可以满足客人的生理需要，热情的服务可以使客人感受到礼遇和尊重，从而得到精神上的满足。

3.方便顾客的营业时间

一般来说，一、二星级酒店晚餐营业时间最后叫菜时间不早于20：00，三星级酒店晚餐营业时间最后叫菜时间不早于20：30，四星级酒店晚餐营业时间最后叫菜时间不早于21：00，五星级酒店晚餐营业时间最后叫菜时间不早于22：00。

4.完善的空间场所

餐厅必须具有一定的场地和空间。一般来说，餐厅应当空间开阔，面积适当，功能完善，装潢合理，星级酒店内的餐厅应有更高的要求。三星级以上酒店的餐厅需要具备中餐厅、西餐厅、咖啡厅、宴会厅及多功能厅等，以供客人选择使用。

二、餐厅的种类和特点

在我国，根据经营特色、服务方式和规格水平的不同，餐厅大致可分为以下几类：

1.零点餐厅

零点餐厅是酒店的主要餐厅，是指供应中西菜点，接待零散客人，客人可以随到随吃、随意点菜、按消费金额结账、自行付款的餐厅。零点餐厅的特点是菜点品种多样，客人用餐时间交错，服务人员工作量大，对服务技术的要求高。

2.宴会厅

酒店一般都设有宴会厅。宴会厅是高雅、华丽的餐厅，提供制作讲究的配套菜点，可供中餐宴会、西餐宴会、鸡尾酒会、冷餐酒会等使用。宴会厅接受客人的委托，组织各种消费水平及礼仪要求较高的聚餐活动。因为不同的宴会标准不同、人数不同、用餐方式不同，所以宴会厅食品的准备、环境的布置、服务的流程也不同。

3.团体餐厅

团体餐厅是以接待团队为主的餐厅。团体餐厅的主要特点是用餐标准固定，用餐时间集中。这类餐厅的餐费一般由旅行社或会议主办单位负责结算。我国的团体餐厅主要供应中式团队包餐，也可安排适当的西式菜点，安排菜点时要尽量做到每餐的菜点各有特色，并注意安排地方风味菜点。

4.咖啡厅

咖啡厅是小型的西餐厅。它供应简单且大众化的西式菜点、酒水、咖啡等。咖啡厅的特点是营业时间长，出餐迅速，是非正式聚会的良好场所，一般设在酒店一楼与大堂相接处。

5.酒吧

酒吧主要供应中式、西式酒类饮料和小吃。现代酒吧往往与歌舞厅融为一体，客人在酒吧不但可以享用酒类饮料，而且可以尽情唱歌、跳舞。

6.自助餐厅

自助餐厅是一种快餐厅，是客人自主从餐台上选取自己喜爱的食物，然后在餐桌上享用的一种就餐方式。自助餐厅的特点是菜点品种丰富，餐费按人数一次性收取，就餐时间短，餐台利用率高。

情景案例 0-1

"食品安全与营养健康"主题餐厅

7.特色餐厅

特色餐厅又称风味餐厅，主要提供具有地方风味和民族特色的菜肴及服务，从餐厅的环境、菜肴的种类到服务人员的着装，都具有一定的特色，能够满足人们个性化的需求。

8.旋转餐厅

旋转餐厅是建筑设计在酒店楼顶的、由电力机械控制的、会转动的餐厅，这种餐厅可以使客人在就餐的同时俯瞰城市风貌。旋转餐厅多数以自助餐的形式运营。服务人员在为客人提供服务时，也可根据客人的要求，为客人介绍该城市的旅游景点。

9.数字化餐厅

数字化餐厅是以建筑投影及智能交互为手段的新型感官餐厅，可以提供数字化、智能化服务，将传统餐厅的单一味觉体验提升为触觉、视觉、味觉等全方位的感官体验，客人在享用美食的同时，还能进行多种智能互动，体验高科技带来的新奇。

在线课堂 0-1

餐饮组织机构设置原则

三、餐厅的组织结构

餐厅的规模越大，组织层次越多，管理幅度越宽。也就是说，不同规模、性质的餐厅，组织结构不同。图 0-1 是某中型餐厅的组织结构图。

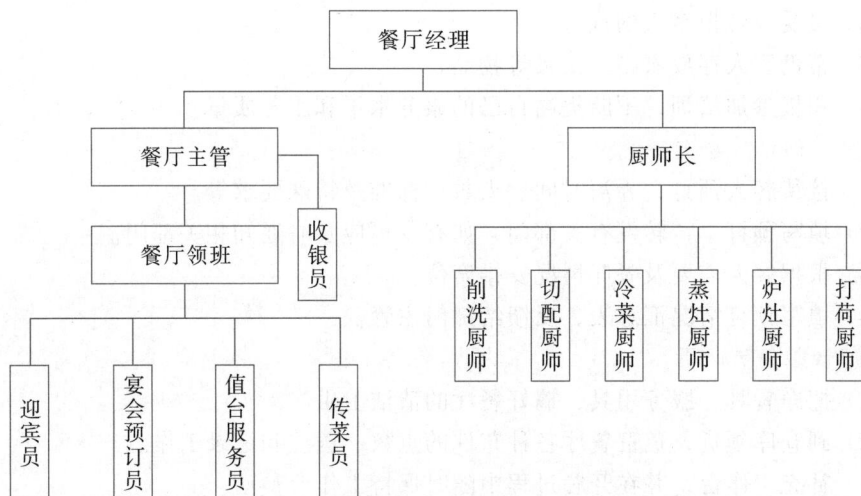

图 0-1　某中型餐厅的组织结构图

四、餐厅部分岗位的职责

1.餐厅经理职责

（1）安排餐厅主要工作，督促规章制度的执行。

（2）进行员工培训，处理客人投诉。

（3）签批领货单及申请计划，审核物品的盘点和保管。

（4）组织推销餐饮产品，与厨房部沟通，提高服务质量。

（5）检查餐厅卫生。

（6）进行工作总结，提出新的工作任务。

2.餐厅领班职责

（1）检查服务员的仪容仪表，主持餐前会，布置当天的工作任务。

（2）检查服务员的工作准备情况及餐厅环境卫生。

（3）巡视餐厅各项营业工作，并进行技术指导。

（4）负责考勤，安排员工轮休。

（5）推荐餐饮产品。

（6）处理突发事件。

（7）接待主要客人。

（8）检查所有规章制度的执行情况，并以身作则。

（9）当班结束后，填写领班报告单。

（10）完成餐厅经理布置的其他工作任务。

3.迎宾员职责

（1）在餐厅入口处礼貌问候客人，迎接客人，引领客人到适当的餐位。

（2）递上菜单，通知相关区域的值台服务员提供服务。

（3）熟悉本餐厅的容量及所有餐桌的位置，确保进行相应的引领工作。

（4）将客人平均分配到不同的服务区域，以平衡每个值台服务员的工作量。

（5）记录客人的相关资料及客人的意见或投诉，并及时向上级汇报。

（6）接受或婉拒客人的预订。

（7）帮助客人存放衣帽、雨具等物品。

（8）积极参加培训，不断提高自己的服务水平和服务质量。

4.宴会预订员职责

（1）接待客人预订，弄清时间、人数、标准及特殊要求等。

（2）填写预订单，转发有关部门，如有变更应及时通知相关部门。

（3）根据客人需要及餐厅情况安排席位。

（4）填写预订情况汇总表，反馈给部门主管。

5.值台服务员职责

（1）擦净餐具、服务用具，搞好餐厅的清洁卫生。

（2）到仓库领货，负责餐厅各种布件的点数、送洗和记录工作。

（3）补充工作台，并在开餐过程中随时保持工作台整洁。

（4）按餐厅要求摆台，做好开餐前的一切准备工作。

（5）熟悉餐厅供应的所有菜点、酒水，并做好推销工作。

（6）接受客人点菜，保证客人及时、准确无误地得到菜肴。

（7）按餐厅标准为客人提供尽善尽美的服务。

（8）做好账单核对、结账收款工作。

（9）翻台或为下一餐摆台，做好餐厅的营业结束工作。

（10）积极参加培训，不断提高自己的服务水平和服务质量。

6.传菜员职责

（1）准备好调料、配料及传菜用具。

（2）负责将菜肴按上菜顺序准确传到每个工作台。

（3）负责传菜间和规定地段的清洁卫生工作。

（4）注意传菜速度并做好追菜和划菜工作。

（5）协助值台服务员将脏餐具撤回洗碗间，并分类摆放。

（6）妥善保管点菜单，以备核查。

（7）负责餐用具的消毒工作，并随时领取和撤换。

（8）积极参加培训，不断提高自己的服务水平和服务质量。

7.收银员职责

（1）迅速准确地结账收款。

（2）统计当天营业收入，填写营业报表。

（3）熟练使用收款机。

（4）工作中若需要暂时离开岗位，应注意钱款安全，随时锁好收款机钱箱。

（5）熟悉餐厅各类酒水、菜点、饮料的价目，了解餐厅服务的一般知识。

（6）保存好所有单据并交财务部以备核查。

（8）积极参加培训，不断提高自己的服务水平和服务质量。

五、餐厅服务人员的素质要求

1.思想政治素质要求

（1）政治上坚定。餐厅服务人员在服务工作中，应严格遵守规章制度，讲原则、讲团结、识大体、顾大局，不做有损国格、人格的事。

（2）思想上敬业。餐厅服务人员必须树立牢固的专业思想，充分认识餐饮服务对提高酒店服务质量的重要作用，热爱本职工作，在工作中不断努力学习，踔厉奋发，开拓创新。

2.服务态度要求

服务态度是指餐厅服务人员在对客服务过程中体现出来的主观意向和心理状态。餐厅服务人员的服务态度会直接影响客人的心理感受。因此，餐厅服务人员在服务过程中应主动、热情、耐心、周到。

情景案例0-2

员工与顾客发生争执背后的原因是什么？

3.服务知识要求

餐厅服务人员应具有较广的知识面，具体内容包括：

（1）基础知识。这主要包括员工守则、礼貌礼节、职业道德标准、安全与卫生知识、服务心理学知识等。

（2）专业知识。这主要包括岗位职责、工作程序、运转表单的填写、管理制度、设施设备的使用和保养、酒店的服务项目等。

（3）相关知识。这主要包括宗教知识、法律知识、各国的历史地理、各民族的习俗和礼仪、本地及周边地区的旅游景点及交通等。

4.能力要求

（1）语言能力。语言是人与人沟通、交流的工具。餐厅的优质服务需要运用语言来表达。因此，餐厅服务人员应具有良好的语言能力，同时应掌握1~2门外语。

（2）应变能力。由于餐厅服务工作大多由员工通过手工劳动完成，同时客人的需求多变，因此在服务过程中难免会出现一些突发事件，如客人投诉、员工操作不当等，这就要求餐厅服务人员必须具有灵活的应变能力，遇事冷静，能够妥善处理问题。

（3）推销能力。由于餐饮产品的生产、销售与客人消费几乎是同步进行的，因此餐厅服务人员应根据客人的喜好、习惯及消费能力灵活推销，尽力提高客人的消费水平，进而提高餐饮部的经济效益。

（4）技术能力。餐厅服务既是一门科学，又是一门艺术。技术能力是指餐厅服务人员在提供服务时显现的技巧和能力，技术能力强不仅能提高工作效率，保证餐厅服务的规格和标准，而且可以给客人带来赏心悦目的感受。

（5）观察能力。餐厅服务质量的好坏取决于客人在享受服务后的生理和心理感受，即客人需求的满足程度。这就要求餐厅服务人员在对客服务时应具备敏锐的观察能力，随时关注客人需求并及时给予满足。

（6）记忆能力。餐厅服务人员通过观察了解到的有关客人需求的信息，除了应及时给予满足之外，还应加以记忆。当客人下次光临时，餐厅服务人员就可以提供个性化的服务，这无疑会提高客人的满意度。

情景案例 0-3

[QR code]

服务员"吃二餐"会遭遇怎样的尴尬?

在线课堂 0-2

[QR code]

餐饮服务规则

（7）自律能力。自律能力是指餐厅服务人员在工作过程中的自我控制能力。餐厅服务人员应遵守酒店管理制度，明确知道在何时、何地能够做什么，不能够做什么。

此外，餐厅服务人员必须身体健康，定期体检，取得健康证明。在服务工作中，餐厅服务人员在做好本职工作的同时，应与其他员工密切配合，共同努力，提供高质、高效的服务。

六、餐厅服务人员的礼仪要求

注重礼仪对餐厅来说具有重要意义，礼仪既是餐厅接待规格、服务水平的形象体现，又是尊重客人的显著标志，也是提高酒店经济效益的良好方式。

1.仪表基本要求

仪表是指餐厅服务人员在工作中的形象，即餐厅服务人员在服务活动中的气质、风度、着装、姿态等。随着餐厅服务规格、服务水平的提高，餐厅对服务人员的仪表也提出了更高的要求。

（1）气质要求。气质是人的心灵、性格、修养、情操的外露，它依附于形体，是精神的显现。气质往往只能感受，不能触摸。气质也是一种风范，它规范人的行为，制约人的举止，约束人的感情，给人的个性涂上光泽。餐厅服务人员的气质应当是质朴的、自然的、灵秀的、清丽的，通过环境、修养、阅历、学识等因素加以培养，通过灵巧的动作、青春的活力、明亮的眼睛、愉悦的情绪展示"神气十足"和"气韵生动"。

（2）风度要求。风度是指在精神因素的作用下，人的举止、装束符合审美标准的一种表现。风度是人的思想、性格、气质的自然流露，与性别、年龄、民族、职业、文化素质、个性有直接联系。优雅稳重的举止、亲切自然的语言、整洁合体的衣着，以及合乎分寸的待人接物，都能够展现餐厅服务人员的风度。因此，餐厅服务人员应做到端庄、稳重，特别是在遇到不礼貌的客人时，更要能够克制自己的情绪，冷静、礼貌地处理问题；应做到微笑服务，待客和颜悦色，不可无精打采，在任何时候都不能显露不耐烦的情绪，更不能怒形于色。

（3）着装要求。首先，餐厅服务人员的着装应整洁、干净，这是对着装最基本、最重要的要求。工作服应经常换洗，穿前要烫平，不能穿脏工作服上岗；皮鞋要天天擦拭，保持光亮。其次，餐厅服务人员的着装应当与人体、餐厅环境等相协调，如上衣、领带、裤子、鞋袜的式样、花纹、色调要协调等。最后，着装应规范，穿西装要系领带或扎领结、穿皮鞋，同时着装应服从工作需要，以便于操作、不分散客人的注意力为前提。

（4）姿态要求。姿态主要包括站姿、走姿、坐姿、蹲姿、手势等。姿态能够反映一个人的气质修养，是文明礼貌的标尺。餐厅服务人员应站如松，行如舟，脚要稳，手要轻。男性服务员要有阳刚之美，强劲、稳健、利落；女性服务员要有阴柔之美，端庄、娴静、秀雅。

①站姿。站立时，身体重心应落在两脚的中间，挺胸收腹，腰直肩平，目光平视，面带微笑，双臂自然下垂或在体前交叉。脚跟并拢，脚尖分开呈 45°～60°，也可两足并立，相距一拳，脚尖略向外。双手不得叉腰、抱胸或插入衣袋，脚尖不可随着

音乐打拍子；身体不可东倒西歪，倚靠物件。

②走姿。走路时，步伐应轻盈而稳健，身体重心落在脚掌前部，目光平视，面带微笑。脚尖应对着正前方，双脚轨迹为一条线或两条平行线。步速适中，男服务员每分钟走110步为宜，女服务员每分钟走120步为宜。合适的步速反映了餐厅服务人员积极的工作态度，这是客人乐于看到的。步幅不宜过大，男服务员的步幅在40厘米左右为宜，女服务员的步幅在35厘米左右为宜。服务人员经常手端物品来往，如果步幅过大，很容易发生意外。在酒店内，餐厅服务人员一般应靠右侧行走，与客人同行时，应让客人先行（引座员及接待员除外）；如果通道比较狭窄且有客人从对面走来，餐厅服务人员应主动停下来靠在边上，让客人先行，但不可背对客人。此外，走姿还与心情有关。心理学家认为，低垂着头，双肩晃动或驼背，表示此人精神不振，消极自卑。因此，餐厅服务人员对事业、对生活应充满信心和热情，这样走起路来亦会精神百倍，富有活力。

③坐姿。餐厅服务人员的坐姿应端庄、稳重、自然。入座时，要轻而缓，女服务员穿裙子时，要用双手把裙子向前拢一下再落座。坐下后，上身正直，头正目平，嘴巴微闭，面带微笑，两手放在两腿上，小腿与地面基本垂直。两膝间的距离，男服务员以松开一拳为宜，女服务员应双膝并拢。另外，女服务员还可以选择其他坐姿，如双腿叠放式坐姿，即将双腿一上一下交叠在一起，交叠后的两腿之间没有任何缝隙，同时双腿斜放于一侧，斜放后的腿部与地面呈45°角；再如双腿斜放式坐姿，即双膝并拢，然后双脚向左或向右斜放，力求使斜放后的腿部与地面呈45°角。无论采用哪种坐姿，都应自然放松，面带微笑，切忌分腿而坐，尤其不能前仰后合或抖动腿脚，这是傲慢和缺乏教养的表现。

④蹲姿。对于掉在地上的物品，餐厅服务人员应采用优美的蹲姿把物品捡起来。如果捡身体右侧的物品，下蹲时应左脚在前，右脚稍后，两腿靠紧向下蹲；左脚全部着地，小腿基本垂直于地面，右脚脚跟提起，脚掌着地；右膝内侧靠于左小腿内侧，形成左膝高右膝低的姿势。需要说明的是，男性服务员两腿之间可以有适当的距离，而女性服务员一定要将双腿靠紧。如果捡身体左侧的物品，则姿势正好相反。

⑤手势。手势是最有表现力的一种形体语言。做介绍或指示方向时，手指应自然并拢，手掌向上，以肘关节为轴指向目标，同时眼睛也应转向目标，并注意对方是否已看清目标。与客人交谈时，手部动作不宜过多，幅度不宜太大。在使用手势时，还应注意各国的风俗习惯。

2.沟通基本要求

（1）注意用词。与客人对话时，用词应准确，这样可以使客人感到与服务人员的关系不仅仅是一种简单的商品买卖关系，更是一种有人情味的服务与被服务关系。

（2）注意说话时的语气和语调。语气和语调往往比说话的内容更重要，客人可以据此判断服务人员说话内容的背后是欢迎还是厌烦，是尊重还是无礼。

（3）注意聆听。注意聆听可以显示出餐厅服务人员对客人的尊重，有助于餐厅服务人员更多地了解客人，更好地为客人服务。

（4）注意面部表情和眼神。面部表情能够反映人的内心情感，因此餐厅服务人员即使不说话，客人仍然可以通过服务人员的表情，感受到服务人员的态度是好还是

情景案例0-4

刚升职就要被
"撤掉"的
银行行长

坏。与客人的目光不期而遇时，餐厅服务人员不应回避，也不能死盯着客人，而应向客人表明服务的诚意。

（5）注意站立姿态。站立姿态可以反映出餐厅服务人员对客人是厌烦、冷淡，还是欢迎、关心等，因此当遇见客人时，餐厅服务人员应站好，切忌背对客人。

七、现代人对餐饮的要求

随着生活水平的不断提高，人们对餐饮的要求也越来越高。餐饮部作为酒店直接生产食物的部门，要实现酒店的经营目标和提高服务质量，必须了解现阶段人们对餐饮的需求，生产适销对路的餐饮产品。

1.对餐饮产品质量的要求

随着人们对环境污染、生态平衡、自身健康等问题的关注程度日益提高，人们对餐饮产品的质量也越来越重视，无公害、无污染的绿色食品、保健食品越来越受到人们的欢迎。为了满足人们的这一需求，许多餐厅纷纷推出绿色保健食品。

2.对餐厅环境和气氛的要求

人们在进行餐饮消费时往往带有许多感性的成分，如要求进餐的环境"场景化""情绪化"。因此，许多餐厅在环境布置、氛围营造上下功夫：或新奇别致，或温馨浪漫，或清幽高雅，或热闹刺激，或富丽堂皇，或小巧玲珑；有的展现都市风貌，有的体现乡村风情；有中式风格的，也有西式风情的，更有中西合璧的。例如，用"郁金香""红玫瑰"等花卉名称取代餐桌的编号，令人感到温馨典雅。又如，"准备中"或"已打烊"的门口告示牌令人感到冷冰冰的，如果改为"本店9：00开始营业，敬请稍候"或"本店已打烊，明日9：00再见，敬请原谅"就会让人感到很亲切。因此，拥有良好环境氛围的餐厅越来越受到人们的欢迎。

3.对餐厅服务质量的要求

餐厅服务质量的高低不仅关乎酒店的效益、声誉，而且关乎酒店的生存与发展。然而，餐厅服务质量的高低取决于客人对服务质量的预期同其实际体验到的服务质量水平的对比，很难用统一的标准来衡量，因此如何以最优质的服务提高客人的满意度，是餐饮经营者面临的一个重大课题。随着数字化时代的到来，酒店可以利用数字化技术全面提升酒店的服务能力，客人也可以利用数字化技术感知酒店的服务水平，体验数字化带来的便捷与高效。

工作项目一
练好餐厅服务基本功

工作概述

餐厅操作技能是餐厅对客服务最基本的技能，主要工作内容包括：托盘服务、餐巾折花、斟酒服务、上菜服务、分菜服务、铺台布服务、摆台等。餐厅服务人员应在了解这些技能相关知识的基础上，熟悉这些技能的操作程序与标准，从而能够在对客服务过程中熟练运用这些技能。餐厅服务人员操作技能的规范化、程序化、标准化是一个餐厅服务水平的基本体现。

服务素养

只要你能够掌握餐厅服务的基本技能，重视服务，自觉改善服务品质，你就能够成为一名优秀的餐厅服务员。

在酒店日常工作中，许多客人常将真实的自我隐藏起来，需要服务员用敏锐的观察力去了解和把握情况，从而提供有针对性的服务。

服务理念

服务，是你的工作。

对酒店的每一位员工而言，服务就是自己的工作，这种观念代表的是根植于内心的对服务的一种追求，使客人满意更是最大的心愿。酒店员工应该将服务视为一种表达感谢客人光临的行动。

任务一　托盘服务

◎　**学习目标**

1.知识目标

•了解托盘的种类。

•掌握托盘的用途。

•掌握托盘的使用方法。

2.能力目标

•能够熟练进行托盘行走。

•能够正确使用托盘为客人服务。

3.素养目标

•培养学生积极主动的服务意识。

•培养学生认真负责的工作态度。

•培养学生爱岗敬业的职业精神。

工作导入

工作描述：某酒店餐饮部有一批新入职员工，因为酒店有大型接待任务，需要新员工马上投入到工作中，所以要对新员工进行岗前培训。请你以一名餐厅领班的身份，拟定一份新员工托盘训练方案，并指导他们进行托盘训练。

工作要求：小组成员轮流担任餐厅领班；餐厅领班对本组成员进行培训，经过培训的成员能够熟练掌握托盘操作技能。

知识储备

托盘（tray）被服务员亲切地称为"服务员的左手"，是餐厅服务人员餐前摆台、餐中提供菜点酒水服务、餐后收台整理时必用的一种服务工具。正确使用托盘是餐厅服务人员必须掌握的基本功，是规范化服务和文明操作的基本要求。

一、托盘的种类和用途

（1）根据制作原材料的不同，托盘可分为塑料托盘、木托盘、金属托盘（如镀金托盘、镀银托盘、铝托盘、不锈钢托盘）等。

（2）根据规格大小的不同，托盘可分为大型托盘、中型托盘、小型托盘。

（3）根据托盘形状的不同，托盘可分为正方形托盘、长方形托盘、圆形托盘、异形托盘等。

小型的圆形或正方形托盘通常用来运送账单、信件和湿巾等小件物品；大中型的圆形或正方形托盘通常用来斟酒、上菜、展示饮品等；大中型的长方形托盘通常用来运送菜点、酒水和盘碟等较重的物品；异形托盘通常用于特殊的鸡尾酒会或其他庆典活动。

二、托盘的使用方法

1.轻托

操作视频1-1

轻托

轻托是指在餐厅服务工作中，为客人上菜、斟酒、收餐具时使用的一种托盘运送物品的方法。因所托物品较轻，一般在5千克以内，故称轻托；又因需要平托于胸前，故又称胸前托或平托。

2.重托

重托是指在餐厅服务工作中，运送较重的菜点、酒水和盘碟等物品时使用的一种托盘运送物品的方法。因所托物品较重，一般在5千克以上，故称重托。目前，酒店餐厅一般不用大型托盘进行重托服务，而是用小型手推车解决运送重物的问题，这样既安全又省力，工作效率也高。虽然如此，重托仍然是服务人员的基本技能，需要不断练习，以备不时之需。

训练指导

◎ **工作思路**

通过对托盘服务基础知识的讲解和操作技能的训练，学生应了解托盘的种类和用途，掌握托盘服务的程序与操作要领，达到熟练端托及运用自如的训练要求。

◎ **工作准备**

（1）根据运送物品的种类和重量选择合适的托盘，并检查托盘是否完好无损。

（2）准备好盘巾、专用擦布、垫碟等。

（3）检查所需运送的酒水、餐具等物品是否齐全、干净卫生。

◎ **操作方法**

教师先讲解、示范，然后由学生操作，教师再进行指导。按托盘操作中各种行走步伐和餐厅服务中可能出现的场景设计训练内容。

轻托——托5千克以下物品，训练站立、行走、避让、下蹲等。

重托——托5千克以上物品，训练站立、行走、避让、下蹲等。

◎ **技能训练**

一、轻托服务

1.操作要领

（1）左手臂自然弯曲，掌心向上，五指分开稍弯曲，使掌心微呈凹形。

（2）用五指指端和手掌根部"六个着力点"托住盘底，利用五指的弹性控制盘面的平稳，如图1-1所示。

图1-1　轻托手法示意图

（3）将托盘平托于胸前，略低于胸部，基本上在第二、三颗衣扣之间，盘面重心稍向里侧，保持平衡，利用左手手腕灵活转向。

（4）遇到障碍物时应及时里压外摆，躲闪避让。

2.操作程序与标准

（1）理盘。根据需要选择合适的托盘，将托盘洗净、擦干，垫上一块经过消毒的专用盘巾（胶木托盘防滑可不垫），洒些清水，以防滑动。

（2）装盘。根据需要托送的物品的形状、重量和体积合理装盘，同时必须遵循安全稳妥、便于托送、便于取用的原则。一般来说，在数种物品同时装盘时，应将重物、高物放在托盘的内侧（靠近身体的一侧），轻物、低物放在托盘的外侧；先取用的物品摆在上面或前面，后取用的物品摆在下面或后面。使用长条形托盘时，物品应并排摆放，横竖成行；使用圆形托盘时，物品可摆成圆形。托运酒水时，商标应朝外，显示给客人。

（3）起托。起托时，身体站在台前，与托盘保持一定的距离，左脚向前迈一步，身体向左前方倾斜，左手放到与托盘同样的平面上，用右手将托盘慢慢移至左手上，按托盘操作要领托住盘底。托稳后用右手扶住托盘边沿起身，左脚撤回，调整好重心，松开右手放回体侧，身体成站立姿势。

（4）行走。行走时，头正肩平，两眼目视前方，上身挺直，脚步轻快而稳健，托盘随着步伐在胸前自然摆动，但幅度要小，以防菜汁、汤水等液体溢出。

（5）卸盘与落托。托盘行走过程中，如果需要取用盘内物品，称为卸盘。卸盘时，用右手取走盘内物品，且应从前后左右交替取用，同时注意随着盘内物品的变化而用左手手指的力量来调整托盘重心。

托盘行走过程中，如果需要将托盘整个放到工作台上，称为落托。落托时，左脚向前，右手协助左手把托盘小心推至工作台面，放稳后按照从外到内的顺序取用盘内物品。

二、重托服务

1.操作要领

（1）双手将托盘拉至台面的边沿处，使托盘1/3悬空。

（2）用右手将托盘扶稳，左手伸入盘底，五指分开，掌心向上伸平托住盘底中心，双脚分开，两腿屈膝下蹲呈骑马蹲裆式，腰部略向左前方弯曲，如图1-2所示。

图1-2　重托手法示意图

（3）左手确定好端托重心后，右手扶住托盘边沿，协助左手向上用力将托盘慢慢托起至轻托状，随后左手腕向左后方转动180°，使托盘向外旋转送至左肩外上方，待左手托实、托稳后，再将右手放回体侧，身体成站立姿势。

（4）托起托盘后，应悬空托于左肩上方，盘底距肩约2厘米，托盘边沿距耳朵约2厘米，前端稍向外侧，不近嘴。

2.操作程序与标准

（1）理盘。重托所托物品经常与汤汁等接触，因此托盘在使用前必须洗净、擦干、消毒，铺上专用洁净的盘巾（胶木托盘防滑可不垫），以起到防油、防滑的作用。

（2）装盘。装盘时，物品之间要留有适当的位置，以免行走时发生碰撞或声响。物品装盘要分类码放，重量均匀分布，重物、高物应放在托盘内侧或托盘中心位置。切忌将所有物品不分大小、形状、体积混装在一个盘内，这样很容易滑动，甚至翻盘。

（3）起托。起托时，用右手相助将托盘拉出台面，左手托住盘底，掌握好重心后，将托盘旋转送至左肩外上方，盘面顺左掌呈一字形。起托时，不论左掌和托盘怎样转动，盘面应始终保持平稳，防止汤水外溢。

（4）行走。行走时，表情应自然，步伐不宜过大、过急，应平稳自如。右臂自然下垂，随身体自然摆动，或扶住托盘前内角，随时准备防止他人的碰撞，保持身体平稳。

（5）落托。落托时，左脚向前迈一步，用右手扶住托盘边沿，左手向右转动手腕，同时托盘向右旋转，待盘面从左肩移至与台面平行时，再用左臂和右手将托盘推至台面。落托结束后，应及时将盘内物品整理好，并擦净盘面以备后用。

工作要点1-1

（1）托盘操作过程中要做到平、稳、松。

平：托运物品时，要保持盘面平稳，掌握好重心，以免汤汁外溢。托盘行走时，应做到肩平、盘平，动作要协调。

稳：装盘时，各种物品的摆放要合理稳妥，应根据自身体力和臂力量力而行，不可勉强超负荷托运。托盘行走时，要做到身体不摇晃，转动灵活，从而给人稳重踏实的感觉。

松：单手擎托时，上身要正直，表情要自然、轻松，不能给人以吃力感。

（2）运送菜点过程中要注意卫生，不可将所托物品贴靠于自己的头颈部位，做到盘前不近嘴，盘后不靠发。

（3）当托盘里放有食物时，不要将冷的食物放在热的食物上方。因为热量会通过传导使冷盘变热，从而影响食物的品质。

（4）装载液体的器皿，如茶壶、咖啡壶等，应放在托盘的中央位置，防止汁水洒到托盘的外面，烫伤自己或他人。

（5）切忌用拇指从上方按住托盘边、四个手指托住托盘底，这种方法不仅不符合操作要求，而且不礼貌。

（6）如果所托物品较轻，可以用右手将物品从托盘中取下来递给客人。物品取走部分之后，应及时用右手对托盘位置或盘中物品进行调整，使托盘保持平衡。如果所托物品较为沉重，可以先将托盘放在邻近的桌面或菜台上，再将物品依次递给客人。

（7）托盘行走时，右臂摆动幅度不宜太大，也不要过度僵硬；与客人相遇时，应侧身让道，不与客人抢道；注意左右两侧，并与前方人员保持适当的距离，切忌突然变换行进路线或突然停止。

（8）发生意外时，如托盘内酒水滑落，不可惊叫，应冷静处理，马上叫同事看护现场，尽快清扫卫生。

（9）托盘不能越过客人头顶，如果托盘内物品的数量、重量发生变化，手指应相应移动。

（10）拿回空托盘时，要用右手或左手拿住托盘边，使托盘以竖立方式靠近裤边（托盘底在外），切忌拿空托盘玩耍。

情景案例1-1

优秀的值台
服务员

学习评价与记录

一、学习评价

根据本工作任务所学内容，按照表1-1进行学习评价。

表1-1 托盘服务工作学习评价表

考核项目	考核要点		配分	得分
知识掌握	托盘的种类和用途		5分	
	托盘的使用方法		5分	
技能操作	理盘	洗净，擦干，垫好盘巾	5分	
	装盘	物品摆放合理，符合要求，重心均衡	5分	
	起托	左脚向前迈一步，右手将托盘拉出台面1/3	5分	
		托盘重心位于掌心处，保持盘面平衡	5分	
		左手掌呈凹形，不与盘底接触	10分	
		托稳，右手放回体侧，身体成站立姿势	10分	
	行走	头正肩平，上身挺直	10分	
		步伐轻盈，稳健自如	10分	
		目视前方，表情自然，精力集中，姿态优美	5分	
		托盘随着步伐在胸前自然摆动	5分	
	落托	左脚向前迈一步，用右手协助左手把托盘小心推至工作台面	5分	
		放稳托盘，卸下所托物品	5分	
素质养成	积极主动的服务意识		2分	
	认真负责的工作态度		3分	
	爱岗敬业的职业精神		5分	
合计分数			100分	

二、学习记录

根据本工作任务所学内容，填写表1-2学习记录卡。

表1-2 学习记录卡

工作任务		学习时间	
姓　名		学　号	
学习方式	个人（　） 小组（　） 小组成员：		
工作过程			
技能创新			
学习体会			

任务二　餐巾折花

◎　**学习目标**

1. 知识目标
- 了解餐巾折花的种类。
- 掌握餐巾折花花型的选择。
- 熟悉餐巾折花的摆放要求。

2. 能力目标
- 能够熟练折叠常见餐巾花型。
- 能够根据客人的特点及要求选择餐巾花型。
- 能够根据宴会主题创新餐巾花型。

3. 素养目标
- 提高学生的审美能力。
- 培养学生的创新意识。

工作导入

工作描述：某酒店举办汽车博览会闭幕晚宴，参加晚宴的部分外宾来自德国和日本，请为这次晚宴设计10种餐巾花型。

工作要求：符合宴会主题的同时，要考虑不同国家的禁忌。

知识储备

餐巾又称口布，是一种正方形布巾，边长从40厘米到65厘米不等，是供客人在用餐过程中使用的一种卫生用品。客人用餐时将餐巾平铺于腿上或衣襟上，可防止汤汁、酒水弄脏衣服，也可擦嘴或擦手，以起到保洁作用。餐巾最早是叠成方形平放在盘中，以后渐渐发展为叠成各种造型插在杯中或摆在盘中，供客人餐前欣赏，从而起到装饰美化桌面的作用。

餐巾折花是指通过叠、折、卷、穿、翻、拉、捏等操作技法，将干净、平整、无破损的餐巾折成一定的形状插入杯中或摆放在餐碟中，使之成为餐桌乃至整个餐厅的装饰品。餐巾折花为营造宜人的进餐环境起到了画龙点睛的作用，能够给客人以美的享受。

一、餐巾折花的种类

（1）根据摆放方式的不同，餐巾折花可分为杯花和盘花两类。

杯花需要插入杯中才能完成造型，出杯后花型即散。由于在折叠过程中，需要对口布进行多次折、攥等，因此使用时平整性较差；又由于插杯过程中容易造成污染，因此目前杯花的使用较少。

盘花折好后，造型不会自行散开，可放于盘中或其他盛器内。因盘花简洁大方、美观实用，所以目前盘花的使用较多。

（2）根据外观造型的不同，餐巾折花可分为动物类、植物类、实物类三类。

动物类花型包括飞禽、走兽、昆虫、鱼虾等，其中以飞禽为主，如白鹤、鸵鸟、孔雀等。动物类花型有的取其整体，有的取其特征，形态逼真，活泼可爱。

植物类花型包括各种花草、蔬菜、水果等，其中以花草为主，如荷花、月季花、水仙花等。植物类花型有的取其花，有的取其叶、茎、果实等，美观大方。

实物类花型包括日常生活中的各种实物形态，如折扇、蜡烛等。实物类花型目前品种不多，多用作盘花。

二、餐巾折花花型的选择

1.根据宴会的规模选择花型

大型宴会可选择简洁、统一的花型，每桌可选主位花和来宾花两种花型，每个台面的花型应有所不同，这样显得多姿多彩。如果是1~2桌的小型宴会，则每桌可以使用多种花型，形成既多样又协调的布局。

2.根据宴会的主题和菜单选择花型

在宴会中使用餐巾折花，还可根据宴会的主题和菜单确定花型，这样可以渲染宴会的热烈气氛。

3.根据客人不同的宗教信仰选择花型

例如，如果客人信仰佛教，宜选择植物类或实物类花型，不宜选择动物类花型。

4.根据客人的风俗习惯选择花型

例如，美国人喜欢山茶花，忌讳蝙蝠图案；日本人喜爱樱花，忌讳荷花、梅花；法国人喜欢百合花，讨厌仙鹤；英国人喜欢蔷薇花、红玫瑰花，忌讳大象，把孔雀看成祸鸟等。

5.根据季节选择花型

例如，夏季举行的宴会，可选用荷花、玉兰花等花型；冬季举行的宴会，可选用冬笋、梅花、仙人掌、企鹅等花型。用台面上的花型反映季节特点，能够给人一种真实感。

三、餐巾折花的摆放要求

（1）摆放餐巾折花时，主位花最高，应摆在主人的席位上，一般餐巾折花则应摆在其他客人的席位上；动物类、植物类花型应交错摆放，高低均匀；相似的花型也应注意错开或对称摆放。

（2）餐巾折花会有一个最佳观赏面，应注意将这个最佳观赏面朝向客人摆放。适合正面观赏的花型，如孔雀开屏、白鹤、和平鸽等，要将动物的头部朝向客人摆放；适合侧面观赏的花型，如金鱼、三尾鸟等，要将动物的头部朝向右侧，选择一个最佳观赏角度摆放。

（3）各种餐巾折花之间的距离要均匀一致，注意不要遮挡台面餐用具，不要影响服务操作。

训练指导

◎　**工作思路**

通过对餐巾折花基础知识的讲解和操作技能的训练，学生应了解餐巾折花的种类、花型的选择及摆放要求，掌握餐巾折花的技法要领与部分折花的操作方法，达到操作规范、熟练折叠的训练要求。

◎　**工作准备**

（1）操作前，服务员应将双手洗净消毒，检查餐巾有无破损和油迹污渍等。

（2）将操作台洗净、消毒、擦干，或在经过消毒的托盘中进行。

（3）准备好折花所需的物品，如托盘、杯子、盘碟、筷子等，各种物品均应达到卫生要求。

（4）了解客人的风俗习惯和禁忌，慎重选用花型。

◎　**操作方法**

教师先讲解、示范，然后由学生操作，教师再进行指导。操作时，先学习餐巾折花的各种技法要领，然后按植物类花型、动物类花型、实物类花型的顺序依次进行训练，同学之间可以分组比质量、比速度，相互点评。

◎　**技能训练**

餐巾折花的基本技法主要有以下几种：

一、叠

操作视频1-2

餐巾折花

叠是最基本的餐巾折花技法，几乎所有的折花都要用到。叠就是将餐巾一折为二、二折为四，或折成三角形、长方形、正方形等多种几何形状。叠的基本技法如图1-3所示。

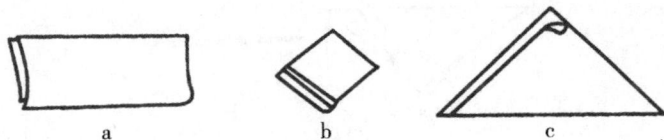

a　　　　　b　　　　　c

图1-3　叠的基本技法

操作要点：

叠时要熟悉造型，看准角度一次叠成，如有反复，就会留下折痕，进而影响花型的挺括、美观。

二、折

折是打褶时运用的一种手法，就是将餐巾叠面折成褶裥的形状，使花型美观、层次丰富。打褶时，用双手的拇指、食指分别捏住餐巾两头的第一个褶裥，两个大拇指相对，指面向外；再用两手中指按住餐巾，并控制好下一个褶裥的距离，拇指、食指的指面握紧餐巾向前推折至中指处，用食指将推折的褶裥挡住，中指腾出控制下一个褶裥的距离，三个手指如此互相配合。折的要求是褶裥均匀整齐、距离相等，每个褶裥的高低、大小、宽度根据花型的不同需要而定。折的基本技法如图1-4所示。

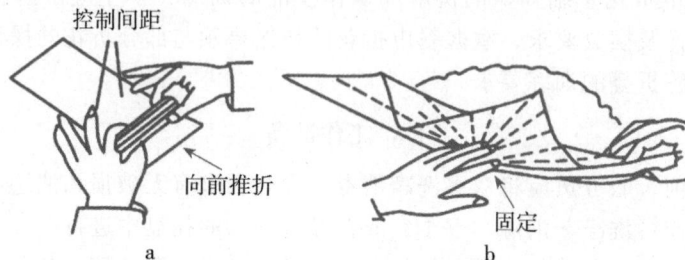

图1-4　折的基本技法

折可以分为直线折和斜线折两种方法。两头一样大小时用直线折；一头大一头小，以及折半圆形或圆弧形时用斜线折。

操作要点：

折时工作台面应干净光滑，否则推折时不仅会发涩，影响效果，而且会破坏餐巾；注意用拇指、食指紧握褶裥向前推，用中指控制间距，不能向后拉折，否则不能很好地控制褶裥距离的大小；对称的褶裥应从中间分别向两边推折。

三、卷

卷是用大拇指、食指、中指三个手指相互配合，将餐巾卷成圆筒形，并制出各种花型的一种手法。

卷分为直卷和螺旋卷两种。直卷时要求将餐巾两头一起卷拢，操作时要卷得平直，两头大小一样。螺旋卷就是将餐巾一头固定，卷另一头；或是一头多卷，另一头少卷，形成的卷筒一头大一头小。卷的基本技法如图1-5所示。

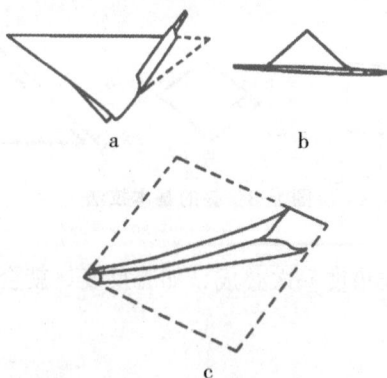

图1-5　卷的基本技法

操作要点：

螺旋卷时要注意使用技巧，用拇指控制卷的速度和卷筒粗细。无论采用哪种卷法，餐巾都要卷得紧凑、挺括，否则餐巾折花会因松软无力而弯曲变形，影响造型。

四、穿

穿是将餐巾先折好，然后攥在左手掌心内，用筷子一头顶住身体，另一头穿进餐巾的褶缝里，再用右手的大拇指和食指将筷子上的餐巾一点一点向后拨，直到把筷子穿出餐巾为止。穿好后，先将餐巾插入杯中，再把筷子抽掉，否则褶皱易松散。穿的基本技法如图1-6所示。

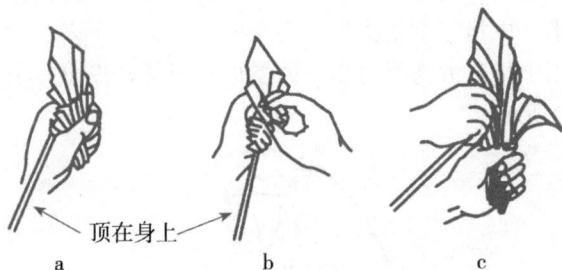

图1-6 穿的基本技法

操作要点：

穿时注意左手攥住餐巾，不要散形；穿好的褶裥要平、直、细小、均匀。

五、翻

翻大多用于折花鸟造型，是指将餐巾的巾角从下端翻折至上端，从两侧向中间翻折，从前面向后面翻折，或是将夹层从里面翻到外面等，形成花、叶、芯、翅、头颈等形状。翻的基本技法如图1-7所示。

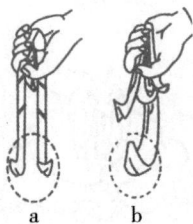

图1-7 翻的基本技法

操作要点：

翻花叶时，要注意叶子对称，大小适宜，距离相等；翻鸟的翅膀、尾巴或头颈时，一定要翻挺，不要软折。

六、拉

拉是在翻的基础上，为使餐巾折花造型挺直而使用的一种手法。拉一般在餐巾折花即将完成时进行，把即将完成的餐巾折花攥在左手中，用右手拉出一只角或几只角。拉的基本技法如图1-8所示。

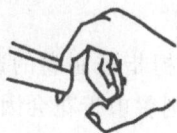

图1-8　拉的基本技法

操作要点：

拉时一定要注意用力均匀，大小比例适当，不要猛拉，否则会破坏花型。

七、捏

捏主要用于折鸟的头部造型。操作时，先将餐巾的一角拉挺作为颈部，然后用一只手的大拇指、食指、中指三个指头捏住鸟颈的顶端，接下来食指向下，将餐巾角尖端向里压下，最后用中指与大拇指将压下的餐巾角捏紧，捏出一个尖嘴作为鸟头。捏的基本技法如图1-9所示。

图1-9　捏的基本技法

操作要点：

捏鸟头时要注意棱角分明，鸟头的大小、形状应根据鸟体、鸟翅而定，比例要合适。

八、掰

掰是将叠好的餐巾用右手一层一层掰出层次，形成花蕾状。掰多在制作花瓣时使用。掰的基本技法如图1-10所示。

图1-10　掰的基本技法

操作要点：

掰花瓣时层次要分明，大小要适当，间距要均匀，用力不能过大，以免花型松散。

九、攥

攥是为了使折出的餐巾花的半成品不易脱落走样而采用的一种技法，一般先用左手攥住餐巾的中部或下部，再用右手操作其他部位。攥的基本技法如图1-11所示。

图1-11　攥的基本技法

操作要点：

左手应攥紧，不能因为右手的操作而散形。

工作要点1-2

（1）注意操作卫生，操作前应洗净双手，在干净的操作台面上进行。

（2）操作过程中不能用嘴吹、牙咬、下巴按，尽量不要讲话，以免唾液飞沫飞溅到餐巾上。

（3）放入杯花时，要用手拿取杯子的下半部，手不要碰杯口，杯口不允许留下指纹。

（4）一次完成，减少折痕，快速熟练。

（5）造型简单，美观大方，使用方便。

（6）折花时要分清餐巾的正反面，姿势自然，手法轻巧灵活。

（7）用心观察，全心投入，精心折叠，耐心整理。

情景案例1-2

餐巾折花使客人不悦

德技兼修1-1　　　　　　　　　**餐巾折花：扇尾灵鸟**

1.折叠方法

（1）将口布打开，反面向上。

（2）上下对折，呈长方形。

（3）右手捏住口布底边右起1/4处，左手捏住底边中点，向外推折。

（4）推折完毕后，将推折部分进行折叠，形成鸟身。

（5）一手捏紧鸟身，另一手选择较大两片口布的一角做成鸟头。

（6）用剩余口布将底部包裹平整。

（7）插入杯中，整理完成。

2.设计说明

这一设计采用了折、推、捏、攥等技法，鸟身应均匀、饱满且富有层次感，鸟头应昂首、大小适中，鸟尾应大小合适并形成扇形，从而体现扇尾灵鸟神采奕奕的形态。

3.适用场合

（1）用于夏天宴请宾客，给人一种清爽的感觉。

（2）摆放时需要有适当的倾斜度，应避免遮盖其他餐具。

（3）可与其他动物类花型同放，体现百鸟争鸣的寓意。

思政元素：文化自信　文化传承

学有所悟：餐巾折花是一项艺术创作，它将餐巾的实用性、艺术性融合在一起，能够烘托餐厅氛围，给人以美的享受。党的二十大报告指出："中华优秀传统文化源远流长、博大精深，是中华文明的智慧结晶。"餐巾折花是一种指尖文化，是对中华优秀传统文化的传承和发扬，具有无声语言的作用。

学习评价与记录

一、学习评价

根据本工作任务所学内容，按照表1-3进行学习评价。

表1-3   餐巾折花工作学习评价表

考核项目	考核要点		配分	得分
知识掌握		餐巾折花的种类	10分	
		餐巾折花花型的选择方法	10分	
		餐巾折花摆放的基本要求	10分	
技能操作	技法要领	准确运用餐巾折花的基本技法	10分	
		操作娴熟、规范	10分	
	折花造型	餐巾折花造型美观、逼真	10分	
		操作熟练，一次完成	10分	
	折花速度	能够在规定的时间内完成餐巾折花	10分	
	操作禁忌	讲究卫生，不用嘴吹、牙咬、下巴按，避免触犯客人禁忌	10分	
素质养成	审美能力		5分	
	创新意识		5分	
合计分数			100分	

二、学习记录

根据本工作任务所学内容，填写表1-4学习记录卡。

表1-4   学习记录卡

工作任务		学习时间	
姓　　名		学　　号	
学习方式	个人（　　）　　小组（　　）　　　小组成员：		
工作过程			
技能创新			
学习体会			

任务三   **斟酒服务**

◎ **学习目标**

1.知识目标

• 了解酒水和酒杯的准备要求。

• 了解展示酒水的方法。

• 掌握斟酒服务要求。

• 掌握斟酒时机与顺序。

• 掌握中、西餐宴会斟酒要求。

• 了解酒水的冰镇与温热。

2.能力目标

• 能够为客人提供开瓶服务。

• 能够为客人提供斟酒服务。

3.素养目标

• 培养学生热情周到的服务意识。

• 培养学生一丝不苟的工作态度。

• 培养学生爱岗敬业的职业精神。

工作导入

工作描述：某酒店营业旺季，餐厅出现了服务员短缺的局面，为此临时聘来了10名在校大学生。如果你是餐厅领班，接受了为大学生培训斟酒服务的任务，你该怎么做？

工作要求：方法具体、得当。

知识储备

一、准备酒水

服务员领出酒水后，应先检查酒水是否为客人所需，如果不是应及时调换；然后检查酒水的质量，如果发现酒标破损、酒瓶破裂，或者酒水中有浑浊沉淀物等，也应及时调换；最后用消毒布巾将瓶身、瓶口擦干净。

用托盘盛装酒水、饮料为客人服务或供客人选择时，应将瓶子较高的酒水、饮料放在内侧，瓶子较低的放在外侧，以方便取用，同时注意商标朝外，摆放整齐。

二、准备酒杯

服务员应根据酒的品种配备酒杯，并检查酒杯的洁净度和完好程度。图1-12为不同样式的酒杯。

图1-12　不同样式的酒杯

图1-12中的酒杯从左至右依次为：白兰地杯（杯口小、腹部宽大的矮脚酒杯）、白葡萄酒杯（宽体窄口高脚杯）、极品干红葡萄酒杯（比白葡萄酒杯深一些）、香槟杯（细长高脚杯）、红葡萄酒杯（杯体圆胖宽大）。

三、展示酒水

酒水在开启前，服务员应先请客人确认酒水品牌，具体操作如下：服务员站在点酒客人的右侧，左手托瓶底，右手托瓶颈，身体略向前倾，瓶口朝上呈45°，商标对着客人，请客人辨认酒水品牌，客人确认无误后方可开启，如图1-13所示。

图1-13　展示酒水

四、斟酒服务要求

1.斟酒方式与方法

（1）桌斟。桌斟是指客人的酒杯放在餐桌上，服务员右手持瓶向杯中斟倒酒水的一种斟酒方法。桌斟是餐厅斟酒最常用的一种方法，又可分为托盘斟酒和徒手斟酒两种。

①托盘斟酒。托盘斟酒即服务员将客人选定的酒水放于托盘内,左手端托,右手根据客人的需要依次进行斟倒的一种方法。此种方法适用于客人人数较多,或者酒水品种较多的情况。

②徒手斟酒。徒手斟酒即服务员左手持布巾,右手握酒瓶,将客人选定的酒水依次斟入客人的杯中,然后用左手布巾将瓶口擦拭干净的一种斟酒方法。此种方法适用于客人选用的酒水较为单一的情况。

(2)捧斟。捧斟是指服务员站在客人右后侧,右手握瓶,左手将客人的酒杯握在手中,向杯中斟满酒后绕向客人左侧,再将装有酒水的酒杯放回原来位置的一种斟酒方法。捧斟的动作要求是轻、稳、准、优雅大方。捧斟适用于酒会和酒吧服务。

2.斟酒标准

斟酒标准应视酒品的种类、杯具的大小而定。一般来讲,中餐常用酒水——白酒、啤酒均斟八分满,红酒斟至杯的1/2处,以示对客人的尊重;西餐斟酒不宜太满,一般红葡萄酒斟至杯的1/2处,白葡萄酒斟至杯的2/3处,白兰地酒斟至酒杯容量的1/5处。斟香槟时,应分两次进行,先斟至杯的1/3处,待泡沫平息后,再斟至杯的2/3处。中西餐饮料均斟八分满。

五、斟酒时机与顺序

(1)中餐斟酒时机与顺序。宴会开餐前5分钟将烈酒和葡萄酒斟好;客人入座后,再依次斟倒啤酒或饮料。斟酒一般是从主宾开始,按男主宾、女主宾,再主人的顺序进行斟倒,以示对客人的尊重。如果是两位值台员同时服务,则一位值台员从主宾开始,另一位值台员从副主宾开始,按顺时针方向依次进行斟倒。如果有冰镇的酒或加温的酒,则应在宴会开始上第一道热菜前依次为客人斟至杯中。宴会进行中,服务员应在客人干杯前后及时为客人添斟酒水,每上一道新菜后也要添斟酒水,当客人杯中酒不足半杯时也要及时添斟。客人互相敬酒时,服务员应跟随敬酒的客人及时添斟。

一般酒席斟酒可根据客人的饮食习惯和要求而定,通常是等客人到齐后开始斟酒。

(2)西餐斟酒时机与顺序。西餐宴席用酒较多,几乎每道菜都配有一种酒,应先斟酒后上菜。斟酒时,应采用先女主宾、女宾、女主人,后男主宾、男宾、男主人的顺序。续酒时,可不拘次序。

六、中餐宴会斟酒要求

(1)斟酒时,服务员应站在客人右后侧,选择合适的斟酒方法,用右手举瓶进行斟倒。此外,斟酒前服务员应先向客人示意一下,如果客人不同意,应立即予以更换。

(2)中餐宴会在宾主讲话时,服务员应停止一切活动,端正地静立在僻静的位置上,并注意客人杯中的酒水,当客人杯中的酒水只剩1/3左右时,应及时进行斟倒。

(3)席间主人讲话即将结束时,服务员应把主人的酒杯及时送上,供主人祝酒。

主人离位向来宾祝酒时，服务员应托着烈酒和甜酒跟随主人身后，以便给主人或来宾续斟。

七、西餐宴会斟酒要求

（1）西餐宴会酒菜搭配要求如下：

①上冷盘或海味菜前，斟倒烈酒，用烈酒杯。

②上汤前，斟倒雪利酒，用雪利酒杯。

③上鱼前，斟倒白葡萄酒，用白葡萄酒杯。

④上副菜前，斟倒红葡萄酒，用红葡萄酒杯。

⑤上主菜前，斟倒香槟，用香槟杯。

⑥上甜点前，斟倒甜食酒，用葡萄酒杯。

⑦上水果或奶酪前，一般不上酒。

⑧上咖啡前，同时斟倒利口酒或白兰地酒，用利口酒杯或白兰地杯。

（2）斟酒时，服务员应站在客人右后侧，按女士优先的原则斟倒。

八、酒水的冰镇与温热

1.冰镇

有些酒水在饮用前需要降温，才能达到最佳饮用温度。例如，白葡萄酒的最佳饮用温度为8～12℃，啤酒的最佳饮用温度为4～8℃，香槟和有汽葡萄酒的最佳饮用温度为4～8℃。降温的方法包括冷藏和用冰桶降温两种。冷藏是将酒水放入冰箱冷藏室缓慢降温；冰桶降温是将酒水插入有冰块的冰桶里，一般10分钟左右，即可达到冰镇的效果。

2.温热

有些酒水（如中国黄酒、日本清酒、白兰地酒）在饮用前需要升温，口感才会更加浓郁醇厚。升温的方法有多种，如水烫、火烤、燃烧、注入、用手温热等。水烫即把酒倒入温酒壶中，然后将温酒壶放入热水中升温的方法；火烤即将酒倒入耐热器皿中，然后将耐热器皿放在火上升温的方法；燃烧即将酒倒入杯中后，将杯放在盛有酒精的器皿内，点燃酒精升温的方法；注入是将滚烫的饮料和酒液混合，使酒液升温的方法。其中，水烫是最安全、最常用的一种方法。

训练指导

◎ **工作思路**

通过对斟酒服务基础知识的讲解和操作技能的训练，学生应了解斟酒前酒水的检查、斟酒的方式与方法、斟酒的时机与顺序，以及冰镇和温热的方法，掌握斟酒的操作要领与操作标准，达到熟练操作、不滴不洒、不少不溢的训练要求。

◎ **工作准备**

（1）准备好客人点用的酒水、酒杯与酒具，并擦拭干净。

（2）检查酒水质量，如有问题及时更换。

（3）开酒前，要向客人展示酒水，客人确认无误后方可开启。

（4）需要冰镇的酒水应提前放入冰箱冷藏室；需要温热的酒水应提前准备好温热用具。

◎　操作方法

教师先讲解、示范，然后由学生操作，教师再进行指导。操作时，可以按照训练斟酒姿势、斟酒方法、斟酒量的顺序依次进行，另外还要训练学生开启和斟倒红酒、啤酒与香槟的方法。

◎　技能训练

一、开瓶操作

开瓶即开启酒水瓶塞和瓶盖。普通酒水开启瓶盖较容易，但葡萄酒和香槟的开启应注意掌握一定的方法。

操作视频1-3

红酒、香槟的
开启

二、握瓶姿势

握瓶姿势是指服务员为客人斟酒时手握酒瓶的方法。握瓶时，右手四指并拢与大拇指分开，掌心紧贴于瓶身中下部，酒标朝外，通过腕力和手指的力量控制酒液的流速。

三、斟酒三步法

斟酒三步法是指服务员为了提高工作效率，使斟酒姿势更加美观，通常使用的一种斟酒步法。第一步为右脚抽出向前走一步，落在第一位客人椅子背后的中间位置；第二步为左脚向前迈到第一、第二位客人椅子之间的外侧；第三步为右脚伸到第一、第二位客人椅子之间的斟酒站位。整个斟酒过程共三步，故称斟酒三步法。

四、斟酒要领

（1）斟酒时，服务员站在客人两椅之间，右手握住酒瓶的下半部，酒标朝外，显示给客人。

操作视频1-4

托盘斟酒

（2）斟酒时，身体应微微前倾，不可紧贴客人，但也不要离得太远，右脚深入两椅之间，侧身而立。

（3）斟酒时，瓶口距杯口2厘米左右，不要将瓶口搭在杯口上，以防污染。

（4）斟至酒量适度时，微微抬起瓶口，同时手腕顺时针旋转45°，使最后一滴酒均匀地分布到瓶口边沿上，以免滴落在客人的身上或餐布上。

（5）斟酒时，要做到不滴不洒，不少不溢。

工作要点1-3

（1）斟酒时，要随时注意瓶内酒量的变化情况，以适当的倾斜角度控制酒液的流速，学会巧用腕力。瓶内酒量越少，酒液的流速越快，越容易冲出杯外。

（2）斟酒时，不要站在客人左侧，不能站在一个位置为左右两位客人斟酒，不准隔位斟、反手斟。

（3）如果由于操作不慎，将酒杯碰翻，应向客人表示歉意，立即将酒杯扶起，检查有无破损。同时，用干净的餐巾将酒液吸干，重新斟酒。

（4）瓶内酒水不足一杯时，不宜为客人斟酒，因为瓶底朝天有失礼貌。切忌一杯酒用两只酒瓶同斟，客人会误认为自己是多余的。

（5）斟倒啤酒时，因为啤酒泡沫较丰富，极易沿杯壁冲出杯外，所以斟酒的速度要慢些，可以分两次斟倒。

（6）开启瓶盖或易拉罐时，不要冲着客人，以免气体喷溅到客人。

（7）酒液、汽水混合在一只杯中时，应先斟汽水后斟酒液，以防止汽水对酒液产生冲击。

（8）零点客人的酒水斟完第一杯后，应全部放回客人餐桌上，若有空瓶、罐，应及时撤走。

（9）斟酒时，尽量不要打扰客人交谈。

情景案例1-3

宴会斟酒服务

学习评价与记录

一、学习评价

根据本工作任务所学内容，按照表1-5进行学习评价。

表1-5　　　　　　　　　斟酒服务工作学习评价表

考核项目	考核要点		配分	得分
知识掌握	酒水和酒杯的准备要求		5分	
	展示酒水的方法		5分	
	斟酒服务要求		5分	
	斟酒时机与顺序		5分	
	中、西餐宴会斟酒要求		5分	
	酒水的冰镇与温热		5分	
技能操作	斟酒顺序	能够按照先宾后主的顺序依次进行	10分	
	斟酒姿势	酒水商标朝外，显示给客人	5分	
		瓶口不要碰杯口，相距2厘米左右	5分	
		握瓶姿势正确，步法正确	5分	
		收瓶姿势规范，动作优美	10分	
	斟酒标准	酒斟量适宜	10分	
		不滴不洒，不少不溢	10分	
	斟酒速度	能够在规定时间内完成斟酒	5分	
素质养成	热情周到的服务意识		2分	
	一丝不苟的工作态度		3分	
	爱岗敬业的职业精神		5分	
合计分数			100分	

二、学习记录

根据本工作任务所学内容，填写表1-6学习记录卡。

表1-6　　　　　　　　　　　　　　**学习记录卡**

工作任务		学习时间	
姓　　名		学　　号	
学习方式	个人（　　）　　小组（　　）　　小组成员：		
工作过程			
技能创新			
学习体会			

任务四　上菜服务

◎ **学习目标**

1.知识目标
•了解传菜员服务要求。
•掌握中餐上菜服务要求。
•掌握西餐上菜服务要求。
2.能力目标
•能够按照操作规范为客人上菜。
•能够准确摆放各类菜肴。
3.素养目标
•培养学生善于观察的能力。
•培养学生灵活应变的能力。
•培养学生信息整合的能力。

工作导入

　　工作描述：某酒店内，几位客人在就餐，餐厅服务员正在为客人服务。就餐快结束时，服务员为客人上汤，恰巧其中一位客人突然转身，结果汤洒了，客人的西服也被弄脏了。客人非常生气，质问服务员："你为什么把汤往我身上洒。"服务员没有争辩，连声道歉："实在对不起，先生，是我不小心把汤洒在您身上了，把您的西服弄脏了，麻烦您把西服脱下来，我去给您干洗。另外我再给您换一份汤，耽误各位用餐了，请原谅。"随后，服务员将西服送洗衣房干洗，对几位客人的服务也十分周到。客人用餐完毕后，服务员将洗得干干净净、叠得整整齐齐的西服双手捧给了客人。客人十分满意，同时诚恳地道歉："是我不小心碰洒了汤，你的服务非常好。"事后，客人主动付了两份汤钱，并且不久又带着一批客人来酒店就餐。针对本案例，分析在上菜过程中应该如何为客人提供服务。

　　工作要求：符合规范，灵活应变，提供高品质服务。

知识储备

一、传菜员服务要求

　　传菜员是餐厅与厨房的纽带，其主要工作是将厨房制作好的菜肴及时、准确地传送至相应的服务区域供服务员上菜，再将餐厅撤下的餐、酒、茶具托送至洗碗间。传菜员服务要求主要有以下几点：

（1）查对厨房制作的菜肴是否与点菜单相符，并核对桌号，防止传送出错。

（2）取菜时，应检查菜肴质量，做到"五不取"，即数量不足不取，温度不适不取，颜色不正不取，调、配料不全不取，器皿不洁、破损或不符合规格不取。

（3）传菜时，应做到传送平稳，汤汁不洒，传菜及时，不拖不压。

（4）菜肴传送至餐厅后，应及时招呼值台服务员前来为客人上菜。如果值台服务员正忙于为其他客人服务，则应将菜肴放在工作台上，同时通知值台服务员，不要放下菜肴后悄然离去，以免值台服务员误认为这道菜没有上，从而影响服务质量。

（5）为保证热菜上桌时的温度，一般应使用盘盖，将菜肴上桌后再将盖取下撤回备餐间。

（6）传菜时，应密切注意周围情况，并按指定路线行走，防止发生碰撞。

（7）及时将餐厅各桌客人的进餐情况通知给厨房，以便掌握好出菜时机，保证餐厅与厨房的协调，满足客人的就餐需求。

（8）若使用智能机器人传菜，则每天应检测机器人的定位巡航、智能避障等功能是否正常可用。

二、中餐上菜服务要求

1.上菜位置

零点餐上菜服务比较灵活，服务员应注意选择比较宽敞的位置上菜，以不打扰客人为宜，切记不要在老年人和小孩的身边上菜。

在线课堂1-1

中餐上菜的
要求

中餐宴会应选择在翻译和陪同人员座位之间上菜，严禁在主人和主宾之间上菜。

2.上菜时机

零点餐上菜时，冷盘应在客人点菜10分钟之内上桌，20分钟之内上热菜，30分钟左右上完全部菜肴，也可根据客人要求灵活上菜。

宴会上菜时，要掌握好时机，冷盘可在宴会开席前5分钟上好，客人入座开席后，传菜员即可通知厨房准备出菜。当冷盘吃去1/2左右时，开始上第一道热菜。上热菜时要注意观察客人的进餐情况，并控制上菜、出菜的节奏。宾主讲话、致辞、敬酒时，不能上菜，以免影响宴会气氛。

3.上菜顺序与原则

中餐上菜顺序一般是先冷后热，先菜后点，先咸后甜，先炒后烧，先清淡后肥厚，先优质后一般。中式粤菜不同于其他菜系，通常是先上汤后上菜。

4.上菜要求

（1）上菜时，若桌面上菜盘较多而使下一道菜无法放下时，服务员应征求客人意见，先将剩菜量较少的菜肴换成小盘或分派给客人，再上新的菜肴，切忌将新上的菜压在其他菜盘上。

（2）上羹汤、面条时，服务员应主动为客人分餐；上带壳的菜肴时，要同时上小毛巾或洗手盅，盅内温水约七成，盅内加花瓣或柠檬片以解油腥。

（3）所有菜点上齐后应礼貌地告诉主人："您的菜上齐了，请慢用。"

（4）如果某道菜迟迟未上，应及时向厨房查询，并向客人表示歉意，如"对不起，让您久等了"或"真抱歉，耽误您很长时间"。

（5）当发现餐桌上的菜肴快吃完时，服务员应主动询问客人是否需要添加。

（6）宴会客人全部停筷后，应迅速撤去盘、碗、碟、筷，换上干净的布、碟、刀、叉，接着送上水果；同时应上香巾，供客人净手拭汗。

（7）如果有小孩同桌就餐，一定要将热菜、汤羹远离孩子，并提醒成年人注意看护孩子。

（8）如果一桌有几批客人，各自的菜肴摆放要相对集中，相互之间应有一定的距离，上菜时应核实清楚菜单，以免发生错误。

5.摆菜要求

上菜过程中，要注意菜肴摆放的位置。各种菜肴都应对称协调摆放，以尊重主宾、注意礼貌、方便食用、讲究造型为原则。

（1）摆放冷菜。冷菜分为主冷菜和一般冷菜。主冷菜如拼盘、工艺冷菜等，应摆在餐桌的中央，并根据菜肴的造型选择最佳看面对准主位；一般冷菜对称摆放在主冷菜的四周，并根据菜肴的荤素、颜色、口味搭配摆放，盘与盘之间应距离相等。

（2）摆放热菜。热菜分为主菜和一般热菜。主菜摆在餐桌的中央，供所有客人欣赏和食用；高档菜肴或有特殊风味的菜肴，要先摆在主宾的位置上；其他一般热菜应按口味、荤素、盛器、造型等对称摆放。每上一道菜前，都应对餐桌上的菜肴进行位置上的调整与撤换，让台面始终保持整洁、美观。

（3）上整鸡、整鸭、整鱼等整形菜肴时，中国人的传统习惯是"鸡不献头，鸭不献掌，鱼不献脊"，也可按当地习俗摆放菜肴。

（4）如果菜肴使用的是长盘，那么菜肴的最佳观赏面要朝向主宾和主人。

三、西餐上菜服务要求

1.上菜方式

西餐上菜方式有法式、俄式、英式、美式、意式等，各种方式既有相同的地方，也根据各国不同的礼仪习俗有所不同。一些酒店通常将几种方式混合使用，具体每种方式的服务方法，我们将在工作项目四的"任务二　西餐服务"中介绍。

2.上菜顺序

由于标准和要求的不同，西餐宴会菜点的道数有多有少，花色品种也不一样。通常来说，西餐上菜顺序如下：

（1）上面包、黄油（在开餐前5分钟左右送上）。

（2）上开胃品，如沙拉、什锦冷盘等。

（3）上汤，西式汤分为清汤和浓汤两种。

（4）上副菜，常以鱼虾海味菜肴为主。

（5）上主菜，多为肉禽类菜肴，如有配菜，要紧跟送上。

（6）上甜食，如点心、奶酪和水果等。

（7）上咖啡、茶或餐后酒。

3.上菜要求

（1）按序上菜。根据客人所点菜肴安排好上菜顺序，不可颠倒次序。

（2）先斟酒后上菜。任何一道需要配酒食用的菜肴在上桌前，均应先把相配的酒斟好。

（3）上菜顺序。所有菜肴上桌时均需要遵循先女后男、先宾后主的顺序。

（4）先撤后上。每道菜用毕，均需要撤走用过的餐具（餐盘、刀、叉等）后再上新菜，但撤盘前需要征得客人的同意，还应注意客人刀、叉的摆放。如果客人将刀、叉呈八字形搭放在餐盘两侧，表示客人还要食用，不可撤盘；如果客人将刀、叉交叉或平行放在餐盘中，则表示客人不再食用，可以撤盘。

（5）上甜品前，应将主菜的餐具及盐、胡椒瓶、玻璃杯等撤去。甜品用毕，从客人的右侧送上咖啡、茶，咖啡杯、茶杯放在垫碟上，碟内放一把咖啡匙，并送上糖、奶。

训练指导

◎　**工作思路**

通过对上菜服务基础知识的讲解和操作技能的训练，学生应了解上菜服务要求，掌握上菜的操作程序及服务技巧，达到操作规范、熟练上菜的训练要求。

◎　**工作准备**

（1）准备好上菜托盘、调味料、汤勺、汤碗等用品。

（2）上菜前，将桌面的空盘碟及时撤去，摆好菜肴，并腾出上下一道菜的位置。

（3）上菜前，注意核对菜肴名称、台号与点菜单是否相符，避免上错。

（4）上菜前，检查所上菜肴的质量，若有问题及时更换。

（5）了解所上菜肴的名称、特点及典故，找准上菜口。

◎　**操作方法**

教师先讲解、示范，然后由学生操作，教师再进行指导。学生可以几人一组，分别模拟传菜员、值台服务员和客人，并进行操作训练。操作后，学生之间相互点评，最后由教师点评并总结。

◎　**技能训练**

一、中餐上菜操作程序与标准

（1）检查菜肴。值台服务员看到传菜员托送菜肴走到自己工作区域内的餐桌旁时，应快步上前迎接，并检查菜肴与客人所点是否一致。如果菜单上没有这道菜，切不可上桌。

（2）端送菜肴。上菜时，值台服务员应将菜肴放在托盘内，左手端托盘，右脚在前，站在上菜口两位客人的餐椅间，侧身用右手上菜。同时，值台服务员应说"对不起，打扰一下"，以提醒客人，防止发生意外。对于汤菜或温度较高的菜肴，也可用双手端至餐桌上。

（3）报菜名。值台服务员把菜肴送到转台上，按顺时针方向旋转一圈，等客人观

情景案例1-4

上了桌的
"海陆空"

赏完后，再转至主宾面前，后退一步，报清菜名，必要时（如客人询问时或菜肴为餐厅特色菜、风味菜时）应介绍菜肴特色，特殊菜肴还要介绍食用方法，然后请客人品尝。

（4）摆菜。将新菜放在主宾面前，残菜应随时撤下，菜盘及时调整，盘与盘之间的距离应均匀一致，保持台面整洁、美观。如果菜肴有调、配料，应先上调、配料，再上新菜。对于有头型的菜肴，摆菜时应注意朝向。

（5）有两位或两位以上客人就餐时，在菜肴上桌后应马上加放一把服务匙，以方便客人取菜并保证卫生。上汤时，应在汤盆内加放大号汤勺，以方便客人盛汤。

二、上特殊菜肴的方式

1.上有包装的菜肴

荷叶粉蒸鸡、纸包猪排等菜肴是经包装后再烹调的，值台服务员应先将菜肴送上餐桌，让客人观赏，再拿到工作台上或直接当着客人的面在餐桌上去掉包装，以方便客人食用。

2.上炖类菜肴

炖类菜肴应先上桌再启盖，以保持菜肴的原汁原味，并使菜肴的香气在餐桌上散发。启盖后，值台服务员应将盖子翻转过来再移开，以免汤水滴落到客人或自己身上。

3.上铁板类菜肴

铁板类菜肴的种类多，在餐厅中也比较常见。铁板类菜肴的响声可以烘托宴席的气氛，同时铁板还可以保温，但服务时要注意安全，以免烫伤。

4.上拔丝类菜肴

拔丝苹果、拔丝香蕉等都是易烫口的菜肴。此类菜肴上桌时，温度很高，外表不易看出，因此要迅速上凉开水，防止客人烫伤口腔。

工作要点1-4

（1）上菜时，要端平走稳，轻拿轻放。
（2）上菜时，切不可从客人肩上、头顶越过，以免发生意外。
（3）上菜时，忌讳"推"和"蹾"，应保持盘底、盘边干净。
（4）上菜时，应防止出现空盘空台的现象，也要防止上菜过勤，出现菜肴堆积的现象。
（5）上菜时，大拇指不可伸向菜盘内，应注意上菜卫生。

情景案例1-5

上菜后的服务

学习评价与记录

一、学习评价

根据本工作任务所学内容，按照表1-7进行学习评价。

表 1-7　　　　　　　　　上菜服务工作学习评价表

考核项目	考核要点		配分	得分
知识掌握	传菜员服务要求		10分	
	中餐上菜服务要求		10分	
	西餐上菜服务要求		10分	
技能操作	上菜顺序与原则	按照规定顺序上菜	10分	
	上菜位置与姿势	从上菜口将菜肴送上餐桌，姿势正确规范	10分	
	上菜方法	展示菜肴，后退一步	10分	
		报菜名，介绍特色	15分	
		语言表达准确，语速适中	5分	
	其他服务	告诉客人菜上齐了，并询问客人是否需要加菜或需要其他帮助	5分	
素质养成	善于观察的能力		5分	
	灵活应变的能力		5分	
	信息整合的能力		5分	
合计分数			100分	

二、学习记录

根据本工作任务所学内容，填写表1-8学习记录卡。

表1-8　　　　　　　　　学习记录卡

工作任务		学习时间	
姓　名		学　号	
学习方式	个人（　）　小组（　）　小组成员：		
工作过程			
技能创新			
学习体会			

任务五　分菜服务

◎　**学习目标**

　　1.知识目标
　　•掌握中餐分菜服务要求。
　　•了解西餐分菜服务要求。
　　2.能力目标
　　•能够按照操作程序与标准为客人分菜。
　　•能够熟练分让特殊菜肴。
　　3.素养目标
　　•培养学生的敬业精神。
　　•培养学生的服务意识。
　　•培养学生的创新能力。

工作导入

　　工作描述：小张是某大学酒店管理专业的学生，他有一个梦想，就是毕业后3~5年内成为酒店的中层管理者，但他知道，要想实现这个梦想必须从基层做起。毕业前，小张先找了一家五星级酒店的餐饮部实习。某天，由于餐饮部人手短缺，小张被临时调到包房为客人服务。席间，客人要求小张帮忙把清蒸武昌鱼分一下，一直在校侧重于理论学习的小张不知所措……请你告诉小张，他应该掌握哪些分菜的知识和技能。
　　工作要求：方法得当，操作熟练。

知识储备

一、中餐分菜服务要求

　　1.分菜方式
　　（1）桌上分让式。这是指服务员用左手将菜肴托起，右手持分菜工具将需要分让的菜肴派送到客人餐盘中的一种分菜方法。此方法适用于分热炒菜和点心。
　　（2）旁桌分让式。这是指服务员将客人的菜肴摆放到餐桌展示后，再移到工作台上为客人分让菜肴的一种方法。此方法适用于分整形菜肴。
　　（3）二人合作式。这是指两名服务员合作将菜肴派入客人盘中的一种分菜方法。此方法适用于客人较多的宴会。
　　（4）转台分菜法。这是指服务员将菜肴上桌展示后，在转台上为客人分让菜肴的一种方法。此方法适用于分冷菜。

2.分菜顺序

采用桌上分让式分派菜肴时，服务员应站在客人的左侧操作，按先宾后主的顺序依次分派。采用旁桌分让式分派菜肴时，服务员应在工作台上操作，然后将分好的菜肴按先宾后主的顺序依次送上。

3.分菜要求

（1）分菜工具通常使用服务叉、匙，分汤、羹时使用长柄汤匙，分鱼、面条等时还需要使用刀、筷子等。

（2）分菜应主动、迅速，不能等客人开始食用后再分菜。

（3）分菜时，不能将手伸入客人的盘碟中，也不能将汤汁带出盘碟外面。

（4）分菜时，应尽量做到一勺准、一叉准，菜量应均匀一致，不要让客人有厚此薄彼的感觉，切忌出现一碟分两勺或多分后又收回的现象。头、尾、骨、刺等不能分给客人。

（5）分菜完毕后，菜肴应有一定余量，以示菜肴丰盛，也可让喜欢该菜的人添加。如果是高档菜肴，则应一次分均、分光。

二、西餐分菜服务要求

1.分菜顺序

西餐分菜应先宾后主、先女后男，即按女主宾、女宾、女主人、男主宾、男宾、男主人，然后其他来宾的顺序依次进行。

2.分菜用具

西餐分菜用具通常有餐刀、餐叉、餐勺等。由于服务方式不同，分菜用具也有所不同。

（1）俄式西餐对分菜技术的要求较高，服务用具有餐叉、餐勺等，其质地以不锈钢为主。

（2）法式西餐分菜服务侧重于分切技术，因此法式分菜服务所需用具比较多，有服务车、分割切板、刀、叉，以及分调味汁的叉、勺等。

3.分菜要求

（1）由于西餐中的菜肴不同、服务方式不同，因此分让菜肴的方法也有所不同。具体每种服务方式的分菜方法，将在工作项目四的"任务二 西餐服务"中介绍。

（2）西餐主菜分量重、品种多，分菜时应注意将荤素搭配均匀，绝对不能将菜肴或汤汁溅到客人身上。

（3）服务员在分菜时应做到快速准确，以保证菜肴的色、香、味等质量。

训练指导

◎ 工作思路

通过对分菜服务基础知识的讲解和操作技能的训练，学生应了解分菜方式、分菜顺序与分菜要求，掌握分菜的基本手法、操作程序与标准，达到操作规范、熟练分菜的训练要求。

◎　工作准备

（1）分菜工具的准备。不同的菜肴在分让时应使用不同的工具，一般分鱼、禽类菜肴时，需要使用刀、叉子和筷子；分炒菜时，需要使用汤匙、叉子或筷子；分汤菜时，需要使用长柄汤匙和筷子。

（2）分菜前，要在餐桌上展示分让的菜肴，请客人观赏。

（3）采用旁桌分让式分菜肴时，应先准备好分菜工具、托盘、客人使用的盘碟、匙等用具。

◎　操作方法

教师先讲解、示范，然后由学生操作，教师再进行指导。学生可以根据不同的分菜方式，训练分让不同种类的菜肴；也可以几个人一组，分别模拟传菜员、值台服务员和客人进行训练。

◎　技能训练

一、分菜操作程序与标准

1.桌上分让式

服务员将菜盘底部垫上干净的餐巾，左手托起，右手持分菜叉、匙，左手持菜盘向前为客人展示菜肴，右手食指和拇指夹住叉柄，其余三指夹住匙柄，身体稍向前倾，用叉、匙将菜肴夹起，派入客人餐盘中。

2.旁桌分让式

服务员向客人展示介绍菜肴后，移向工作台，用分菜的标准方法将菜肴分到准备好的餐具中，再把分好的菜肴放到托盘上，按先宾后主的顺序从客人右侧依次送上。

3.二人合作式

两位服务员共同完成分菜服务。一位服务员站在上菜口，展示介绍菜肴后，将菜肴摆放到自己的面前，右手持公用筷，左手持长把公用勺，准备分派；另一位服务员将每位客人的餐碟移到分菜服务员近处或转台上，同时将分菜服务员分派好的菜肴依次为客人送上。

4.转台分菜法

服务员将菜肴向客人展示介绍后，右手持握分菜叉、匙，从转盘上将所上菜肴按先宾后主的顺序依次分入客人的餐碟中，边走边转边分；分菜完毕（剩1/5左右），整理余菜，放上分菜叉、匙，转至主宾面前，请客人慢用。

二、几种特殊菜肴的分让方法

操作视频1-5

1.分让鱼类菜肴

服务员左手持餐叉按住鱼头，右手持餐刀先在鱼颈和鱼尾处各切一刀，然后顺着鱼脊从头向尾划开，将鱼肉从中间剥开，顺鱼骨分放两侧，剔去中间鱼骨刺，接着将两侧的鱼肉恢复原样，浇上原汁，待汁液浸透鱼肉后，再分块进行分让。

分让鱼类菜肴

2.分让冬瓜盅

分让冬瓜盅要特别小心。首先，用汤勺轻轻地把冬瓜盅面上的火腿茸刮到汤里；然后，用汤勺轻轻地刮下部分瓜肉，将汤料、瓜肉均匀地分给客人；最后，用刀、叉将冬瓜上半部约3厘米的瓜皮削去，便于第二次分让。由于分让后的瓜皮很薄，容易破裂，因此必须横切去上部的瓜皮后再进行二次分让。

3.分让拔丝类菜肴

拔丝类菜肴必须配上凉开水。分让时，先用公筷将菜肴夹起，然后迅速放入凉开水中浸一下，最后送入客人餐盘中。分让的动作应连贯、快速，做到即拔、即浸。

工作要点1-5

（1）分菜时，所用餐具应干净卫生，无破损，无污染。

（2）分菜时应注意手法卫生，尽量不要让手碰到分菜工具的柄部位置，也不能接触到菜肴。如果需要接触菜肴，应戴上一次性手套进行操作。

（3）分菜时，分菜工具不能在盘底刮出很大响声，以免影响宴会用餐气氛。装盘时，要保持餐具内外的整洁、美观、大方。

（4）分菜时，切忌将掉在桌上的菜肴拾起分给客人，应用干净的布巾包好，拾起拿走。

（5）分送菜肴时，不可越位上菜（即隔人上菜），更不可从客人肩或头上越过。

情景案例1-6

（6）分菜时，要做到心中有数，应将菜肴优质的部分分给主宾和客人。

（7）遇有儿童参加的宴会，应先分给儿童，然后按顺序进行常规服务。

（8）遇有老年人参加的宴会，应采用快分慢撤的方法进行；或在分菜时先少分，然后酌情添加。

周到细致的
分菜服务

学习评价与记录

一、学习评价

根据本工作任务所学内容，按照表1-9进行学习评价。

表1-9　　　　　　　　　　　分菜服务工作学习评价表

考核项目	考核要点		配分	得分
知识掌握	中餐分菜服务要求		10分	
	西餐分菜服务要求		10分	
技能操作	分菜手法	分菜手法正确，工具使用得当	10分	
	分菜位置与姿势	分菜位置正确，操作姿势标准	10分	
	分菜顺序	能够按照先宾后主的顺序依次进行	10分	
	分菜要求	不滴不洒，一次到位，分派均匀	10分	
	分菜禁忌	不违反分菜禁忌要求	10分	
素质养成	敬业精神		10分	
	服务意识		10分	
	创新能力		10分	
合计分数			100分	

二、学习记录

根据本工作任务所学内容，填写表1-10学习记录卡。

表1-10　　　　　　　　　　　　学习记录卡

工作任务		学习时间	
姓　　名		学　　号	
学习方式	个人（　　）　　小组（　　）　　小组成员：		
工作过程			
技能创新			
学习体会			

任务六 铺台布服务

◎ **学习目标**

1.知识目标
- 了解台布的种类。
- 了解台布的规格。
- 掌握铺台布的方法。

2.能力目标
- 能够根据餐厅的特点选择合适的台布。
- 能够按照操作要领迅速完成铺台布工作。

3.素养目标
- 培养学生积极主动的服务意识。
- 培养学生认真负责的工作态度。
- 培养学生爱岗敬业的职业精神。

工作导入

工作描述：餐厅服务员小刘是一名业务十分出色的员工，他多次在省内外行业、企业举办的餐厅服务技能大赛中取得优异的成绩。一天，餐厅主管指派小刘为新员工培训铺台布。如果你是小刘，应如何做好这次铺台布培训工作呢？

工作要求：培训内容丰富，操作方法得当。

知识储备

台布的规格及色泽的选择，应与餐桌的大小、餐厅的风格协调一致。如果一块台布不够用，可随意拼接，但在拼接时应注意将接口处按压整齐。一般来说，台布铺好后应下垂30厘米左右。

一、台布的种类

（1）按质地划分，台布有纯棉台布、化纤台布、塑料台布、绒质台布等，其中纯棉台布吸湿性能较好，为大多数餐厅所使用。

（2）按图案划分，台布有团花台布、提花台布等，其中提花台布使用较多。

（3）按颜色划分，台布有白色台布、黄色台布、红色台布、绿色台布、粉色台布等，多数餐厅出于整洁卫生的考虑，常使用白色台布。

（4）按形状划分，台布有圆形台布、正方形台布、长方形台布、异形台布等，其中圆形餐桌多使用圆形台布，长方形餐桌多使用长方形台布。

二、台布的规格

（1）140厘米×140厘米的台布，适用于90厘米×90厘米的餐台。
（2）160厘米×160厘米的台布，适用于100厘米×100厘米的餐台。
（3）180厘米×180厘米的台布，适用于150厘米×150厘米的餐台。
（4）200厘米×200厘米的台布，适用于170厘米×170厘米的餐台。
（5）220厘米×220厘米的台布，适用于200厘米×200厘米的餐台。
（6）240厘米×240厘米的台布，适用于220厘米×220厘米的餐台。
（7）260厘米×260厘米的台布，适用于240厘米×240厘米的餐台。
（8）160厘米×200厘米和180厘米×300厘米等长方形台布，多适用于西餐长台。

三、铺台布的方法

铺台布之前，服务员应将双手洗净，对准备铺用的台布进行仔细检查，如果发现台布有残破、油液和皱褶，则不能继续使用。铺台布时，服务员应站在主人位，用双手将台布打开并且拿好，身体略向前倾，运用双臂的力量，将台布朝副主人座位方向轻轻地抛抖出去。具体操作方法有如下三种：

1.推拉式

服务员站在主人位，右脚向前迈一步，上身前倾，将台布正面朝上打开，用双手的大拇指与食指分别夹住台布的一边，其余三指抓住台布，用两手臂的力量将台布沿着桌面向胸前合拢，然后沿着桌面用力推出，铺好的台布十字取中，四角下垂均匀。这种方法适用于零点餐厅或较小的餐厅，或者当客人就座于餐台周围等候用餐时进行，或者在地方窄小的情况下进行。

2.抖铺式

服务员站在主人位，右脚向前迈一步，上身前倾，将台布正面朝上打开，用双手的大拇指与食指分别夹住台布的一边，其余三指将多余台布提拿于胸前，身体采用正位站立式，利用双腕的力量，将台布向前一次性抖开，然后拉回平铺于餐台。这种方法适用于较宽敞的餐厅，或者在餐台周围没有客人就座的情况下进行。

3.撒网式

服务员站在主人位，右脚向前迈一步，上身前倾，将台布正面朝上打开，用双手的大拇指与食指分别夹住台布的一边，其余三指抓住多余台布提拿起至左肩后方，上身向左转体，下肢不动并在右臂与身体回转时，将台布斜着向前撒出去，上身同时转体回位，将台布平铺于台面。这种方法适用于宽大场地或技术比赛场合。

训练指导 ···●

◎　工作思路

通过对铺台布服务基础知识的讲解和操作技能的训练，学生应了解台布的种类、规格，以及铺台布的方法，掌握铺台布的操作程序与标准，达到操作规范、一次到位的训练要求。

◎ **工作准备**

（1）物品准备。准备好餐桌、台裙、餐椅、相应规格与颜色合适的台布。

（2）按就餐人数将餐椅摆放于餐台的四周，使之呈三三两两的并列状。

（3）服务员将双手洗净，检查台布是否有残破、污渍、褶皱等，如果有则应及时更换。

（4）检查餐桌是否稳固，位置是否正确；如果餐桌不稳，则应加以调整。

◎ **操作方法**

教师先示范，然后由学生操作，教师再进行指导。

◎ **技能训练**

一、推拉式铺台布的操作程序与标准

（1）准备。服务员将台布准备好，站在主人位，准备操作。

（2）打开。将折好的台布正面朝上打开，捏住台布一边。

（3）合拢。抓住多余台布，用两手臂的力量将台布沿着桌面向胸前合拢。

（4）推出。拽住台布一边，将其余部分沿着桌面向对面推出。

（5）定位。用食指和大拇指将台布拉回定位，十字取中，四角下垂均匀。

操作视频1-6

推拉式铺台布

二、抖铺式铺台布的操作程序与标准

（1）准备。服务员将台布准备好，站在主人位，准备操作。

（2）打开。将折好的台布正面朝上打开，捏住台布一边。

（3）提起。将多余台布提拿于胸前，抓紧台布。

（4）抖出。拽住胸前台布的一边，将其余部分台布向前一次性抖开。

（5）定位。用食指和大拇指将台布拉回定位，十字取中，四角下垂均匀。

操作视频1-7

抖铺式铺台布

三、撒网式铺台布的操作程序与标准

（1）准备。服务员将台布准备好，站在主人位，准备操作。

（2）打开。将折好的台布正面朝上打开，捏住台布一边。

（3）提起、上肩。抓起多余台布提拿至左肩后方，上身同时向左转体。

（4）撒出。回转身体，将台布向前撒出，一次到位。

（5）定位。用食指和大拇指将台布拉回定位，十字取中，四角下垂均匀。

操作视频1-8

撒网式铺台布

四、围台裙操作程序与标准

（1）准备。服务员站在主人位将台布铺好，准备好相应规格的台裙。

（2）操作。依桌沿按顺时针方向将台裙打成褶裥，同时用尼龙搭扣或按钉固定在餐桌上。要求每个褶裥相隔约5厘米，距离均等，褶裥下垂部分均匀。

工作要点 1-6

（1）铺好的台布，正面向上，凸缝朝上对准餐桌正、副主人中心位置，十字中心线位于餐桌中心。

（2）台布铺好后，四角对准餐桌四角，呈直线下垂状，四角下垂部分与地面距离相等。

（3）铺好的台布应平整无褶皱，无污渍。

（4）铺台布过程中，台布不能接触地面。

（5）台布铺好后，应将主人位餐椅送回原位。

学习评价与记录

一、学习评价

根据本工作任务所学内容，按照表 1-11 进行学习评价。

表 1-11　　　　铺台布服务工作学习评价表

考核项目	考核要点		配分	得分
知识掌握	台布的种类		10分	
	台布的规格		10分	
	铺台布的方法		10分	
技能操作	操作位置	在主人位进行操作	10分	
	操作姿势	按照要求采用不同的方法铺台布，姿势规范	10分	
	操作要求	台布不能接触地面，一次铺设到位，姿势优美大方	10分	
	操作效果	台布正面向上，十字线对准餐桌中心线，凸缝朝上对准正、副主人位	15分	
		台布四角下垂部分与地面距离相等	10分	
素质养成	积极主动的服务意识		5分	
	认真负责的工作态度		5分	
	爱岗敬业的职业精神		5分	
合计分数			100分	

二、学习记录

根据本工作任务所学内容，填写表 1-12 学习记录卡。

表 1-12　　　　学习记录卡

工作任务		学习时间	
姓　名		学　号	
学习方式	个人（　） 小组（　） 小组成员：		
工作过程			
技能创新			
学习体会			

任务七　中餐摆台

◎ **学习目标**

1.知识目标
• 了解中餐摆台的种类。
• 了解中餐摆台用具。
• 掌握中餐摆台拿取餐具的要求。
• 掌握中餐摆台操作程序。

2.能力目标
• 能够熟练进行中餐摆台操作。
• 能够根据中餐宴会要求创意设计餐台主题。

3.素养目标
• 培养学生的服务意识。
• 培养学生的创新能力。
• 培养学生的敬业精神。

工作导入

工作描述：小李是酒店宴会部的主管，一天，她接到了一个50张桌的中餐宴会预订，小李准备在宴会开始前一周对服务人员进行中餐摆台培训。如果你是小李，应如何做好这次中餐摆台培训呢？

工作要求：摆台设计新颖，操作方法得当。

知识储备

摆台是服务人员根据就餐人数和规格，将各种餐具规范有序地摆到餐桌上的服务工作。各地区、各酒店的摆台方式大体相同，有些酒店也会根据实际就餐情况规定自己的摆台方式，但最终目的都是方便服务员服务和客人就餐。

一、中餐摆台种类

中餐摆台包括便餐摆台和宴会摆台两种。其中，便餐摆台又可细分为零餐早餐摆台和零餐午餐、晚餐摆台。

二、中餐摆台用具

（1）设备：圆桌、餐椅、服务桌。

（2）餐具与用具：台布、餐巾、垫盘、骨碟、汤勺、汤碗、筷子、筷架、长柄勺、白酒杯、红酒杯、水杯、烟灰缸、牙签筒、菜单、席次卡、座卡、桌花等。

三、中餐摆台拿取餐具的要求

（1）拿取餐具一律使用托盘。用干净的盘巾铺垫，左手托盘，右手拿取餐具。

（2）拿酒杯、水杯时，应握住杯脚部；拿银器及不锈钢器皿时，应拿柄部及边沿；拿瓷器时，应尽量避免手指与边口的接触，以减少污染；落地后的餐具，未经清洗消毒不得继续使用。

具体拿取方法如图 1-14 所示。

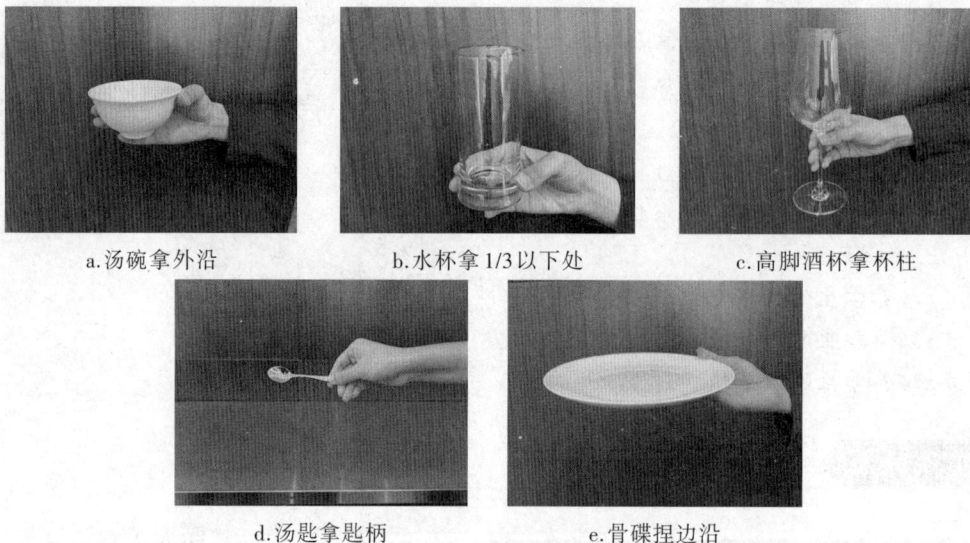

a.汤碗拿外沿   b.水杯拿 1/3 以下处   c.高脚酒杯拿杯柱

d.汤匙拿匙柄   e.骨碟捏边沿

图 1-14   餐具拿取方法

四、中餐摆台要求

（1）餐具摆放要求相对集中，整齐一致，配套齐全。

（2）餐具之间的距离要匀称，图案、花纹要对正，符合规范。

（3）涉外宴会摆台要求符合各国、各民族的礼仪习俗。

> **训练指导** ●

◎   **工作思路**

通过对中餐摆台基础知识的讲解和操作技能的训练，学生应了解中餐摆台种类和摆台要求，掌握各种摆台的操作程序与标准，达到操作规范、技能娴熟的训练要求。

◎   **工作准备**

（1）检查就餐环境是否符合卫生要求，餐桌餐椅是否稳固安全，摆台餐用具是否齐全。

（2）摆台前将双手洗净消毒，准备餐具、烟灰缸、台布、餐巾纸等。

（3）检查餐具等是否有损坏、污迹及手指印，是否清洁光亮。

（4）检查台布是否干净，是否有破损。

（5）检查调味品是否齐全、洁净。

（6）了解就餐客人的人数、国籍，以及菜单等基本情况。

◎ **操作方法**

教师先讲解、示范，然后由学生操作，教师再进行指导。操作时，首先按中餐摆台要求分类进行训练，然后进行综合训练。操作后，学生之间相互点评，最后由教师点评并总结。

◎ **技能训练**

一、零餐早餐摆台操作程序与标准

1.铺台布

按中餐铺台布方法铺好台布。

2.骨碟

骨碟摆在席位正中，距桌边1.5厘米。

3.汤碗、汤勺

汤碗摆在骨碟左侧1厘米处；汤勺置于汤碗中，勺柄向左。

4.筷架、筷子

筷架摆在骨碟右侧，筷架在筷子上部1/3处；筷子应套纸套，放在筷架上，距骨碟1厘米，筷尾距桌边1.5厘米。

5.公用餐具

一般情况下，餐桌中心放花瓶，台号摆放在花瓶前，正面朝向餐厅大门；调味架、牙签筒放在花瓶的左侧，烟灰缸放在花瓶的右侧。

二、零餐午餐、晚餐摆台操作程序与标准

1.铺台布

按中餐铺台布方法铺好台布。

2.骨碟

骨碟摆在席位正中，距桌边1.5厘米。

3.汤碗、汤勺

汤碗摆在骨碟左侧1厘米处；汤勺置于汤碗中，勺柄向左。

4.筷架、筷子

筷架摆在骨碟右侧；筷子放在筷架上，距骨碟1厘米，筷尾距桌边1.5厘米。

5.水杯

水杯摆在骨碟正前方3厘米处。

6.杯碟、茶杯

杯碟摆在筷子右侧1厘米处，下沿距桌边1.5厘米；茶杯反扣在杯碟里，杯耳朝右与筷架平行。

7.公用餐具

一般情况下，餐桌中心放花瓶，台号摆放在花瓶前，正面朝向餐厅大门；调味架、牙签筒放在花瓶的左侧，烟灰缸放在花瓶的右侧。

三、中餐宴会摆台操作程序与标准

中餐宴会摆台操作程序与标准请扫描二维码观看。

操作视频1-9

中餐宴会摆台

情景案例1-8

中餐摆台需要创新

工作要点1-7

（1）摆台前，服务员要洗手消毒，检查有无破损或不洁的餐具，如果发现应及时更换。

（2）摆台时，要求餐具图案对正，距离匀称，符合标准，整齐美观。

（3）摆放餐具，既要做到清洁卫生，又要有艺术性；既要方便客人使用，又要便于服务员服务。

（4）折叠餐巾花要注意客人的生活习惯，避其忌讳。

德技兼修1-2　　　　　　　　　　美食配美器

清代袁枚在《随园食单》中引用古语云："美食不如美器。"这句话表达的意思并不是器美胜于食美，也不是提倡单纯的器美，而是说食美器也美，美食要配美器，以求美上加美的效果。

中国饮食器具之美，美在质，美在形，美在装饰。中国饮食器具主要包括陶器、瓷器、铜器、漆器、金银器、玉器、玻璃器等类别，彩陶的粗犷之美，瓷器的清雅之美，铜器的庄重之美，漆器的秀逸之美，金银器的辉煌之美，玉器的剔透之美，玻璃器的亮丽之美，都曾给人以美好的享受。

然而，美器之美并不限于器物本身的质、形、饰，还表现为不同美器的组合之美，以及美器与菜肴的匹配之美。

周代的列鼎、汉代的套杯、孔府满汉全席银餐具，都体现了一种组合美。例如，孔府满汉全席银餐具共404件，可上196道菜肴。这套餐具一部分为仿古造型，另一部分为像生造型。餐具的装饰也极为考究，嵌有玉石、翡翠、玛瑙、珊瑚等珠宝，雕有花卉等图案，有的还镂有诗词和祝福文字，更显高雅不凡。

美器与美食的和谐，是饮食美学的最高境界。杜甫在《丽人行》中云："紫驼之峰出翠釜，水精之盘行素鳞。犀箸厌饫久未下，鸾刀缕切空纷纶。"这句诗同时吟咏了美食与美器，烘托出了食美器亦美的高雅境界。

资料来源　王倩. 美食配美器［J］. 美食，2008（4）.

思政元素：文化自信　守正创新　传承中华优秀传统文化

学有所悟：中国饮食文化是一种广视野、深层次、多角度、高品位的文化，是中华各族人民在生产和生活实践中，在食源开发、食具研制、食品调理、营养保健和饮食审美等方面创造、积累并影响周边国家和世界的物质财富及精神财富。党的二十大报告指出："传承中华优秀传统文化，满足人民日益增长的精神文化需求。"我们必须坚定历史自信、文化自信，坚持古为今用、推陈出新，做中华优秀传统文化的传播者。

学习评价与记录

一、学习评价

根据本工作任务所学内容，按照表1-13进行学习评价。

表1-13 中餐摆台工作学习评价表

考核项目	考核要点		配分	得分
知识掌握	中餐摆台的种类		5分	
	中餐摆台用具		5分	
	中餐摆台拿取餐具的要求		5分	
	中餐摆台操作程序		10分	
技能操作	操作位置	从主人位开始操作	5分	
	操作姿势	姿势优美大方，动作规范，符合礼仪标准	5分	
	卫生要求	操作过程中注意卫生，台布、餐具清洁	10分	
	主题创意	餐台主题明确，创意新颖独特，具有时代感	10分	
		主题设计观赏性强，规格与餐桌比例适当	10分	
	整体效果	餐具摆放距离均等，整体美观协调	10分	
		注重细节，方便客人就餐	10分	
素质养成	服务意识		5分	
	创新能力		5分	
	敬业精神		5分	
合计分数			100分	

二、学习记录

根据本工作任务所学内容，填写表1-14学习记录卡。

表1-14 学习记录卡

工作任务		学习时间	
姓　　名		学　　号	
学习方式	个人（　　） 小组（　　） 小组成员：		
工作过程			
技能创新			
学习体会			

任务八　西餐摆台

◎ **学习目标**

1.知识目标
- 了解西餐摆台种类。
- 掌握西餐摆台用具。
- 掌握西餐摆台操作程序。

2.能力目标
- 能够根据就餐人数设计适宜的西餐台型。
- 能够合理安排西餐座次。
- 能够根据接待要求进行西餐摆台操作。

3.素养目标
- 培养学生的服务意识。
- 培养学生的创新能力。
- 培养学生的敬业精神。

工作导入

工作描述：小张是某酒店西餐厅新入职的员工，看到那么多刀刀叉叉，从来没有过西餐摆台经验的小张有些不知所措……

请你告诉小张西餐摆台的方法。

工作要求：摆台设计新颖，操作方法得当。

知识储备

西餐摆台一般使用长方台，有时也使用圆台或者四人小方台。西餐实行分餐制，西餐摆台因餐别、服务方式的不同而不同。

一、西餐摆台种类

西餐摆台包括便餐摆台和宴会摆台两种。其中，便餐摆台又可细分为零餐早餐摆台和零餐午餐、晚餐摆台。

二、西餐摆台用具

（1）设备：西餐餐台、餐椅、服务桌。

（2）餐具和用品：台布、口布、展示盘、面包盘、黄油碟、黄油刀、主菜刀、主菜叉、鱼刀、鱼叉、汤勺、头盆刀、头盆叉、甜品叉、甜品勺、水杯、红葡萄酒杯、白葡萄酒杯、椒盐瓶、烟灰缸、烛台等。

图1-15为部分西餐餐具示意图。

鱼刀	鱼叉	大勺	甜品勺	甜品叉
汤勺	茶勺	龙虾叉	蜗牛叉	蜗牛夹
黄油刀	茶漏	糖夹	面包刀	大汤勺
坚果夹	面包盘	骨碟	汤碗	大汤碗
咖啡杯	糖盅	沙拉碗	汁酱盅	蜗牛碟

图1-15　部分西餐餐具示意图

三、西餐摆台要求

（1）餐盘摆在正中，左叉右刀，叉尖朝上，刀刃朝盘。

（2）各种餐具横竖成线，距离均等。

（3）餐具齐全，配套分明，整齐统一，美观实用。

训练指导

◎　工作思路

通过对西餐摆台基础知识的讲解和操作技能的训练，学生应了解西餐摆台种类和摆台要求，掌握各种摆台的操作程序与标准，达到操作规范、技能娴熟的训练要求。

◎　工作准备

（1）检查就餐环境是否符合卫生要求，餐桌、餐椅是否稳固安全。

（2）摆台前要将双手洗净消毒，准备餐具、台布、口布等。

（3）检查餐具是否有损坏，是否有污迹及手指印，是否清洁光亮。

（4）检查台布、口布是否干净，是否有破损。

（5）检查调味品是否齐全等。

◎　操作方法

教师先讲解、示范，然后由学生操作，教师再进行指导。操作时，首先按西餐摆台要求分类进行训练，然后进行综合训练。操作后，学生之间相互点评，最后由教师点评并总结。

◎ 技能训练

一、西餐台型设计

西餐台型设计有很多种，每种台型的大小、形状也各不相同，常见的有一字形、马蹄形、口字形、E字形、T字形等，如图1-16所示。

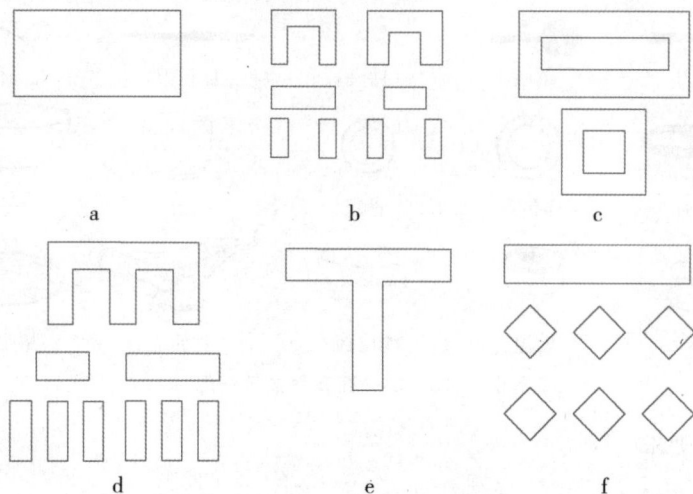

图1-16　西餐台型设计

一般情况下，1~2人适宜选用正方形餐台；3~8人适宜选用长方形餐台；9~10人适宜选用一字形餐台；10人以上可以根据客人的就餐规格、形式、要求及具体人数选择适宜的、不同形状的餐台，总体要求是左右对称、出入方便。

二、西餐座次安排

西餐零餐无主次之分。对于家庭式西餐宴会，通常长台的一端为主人席位，另一端为女主人或副主人席位。主人右侧为主宾，左侧为第三宾客；副主人右侧为第二宾客，左侧为第四宾客，其余交错类推。

西餐正式宴会应根据宴会的性质、人数、客人的职位和性别等安排座位，同时应考虑下列因素：

（1）一般将主人和副主人的座位相对安排在长台长边中央位置；参加宴会的首要人物如果有两位，第一主宾要坐在主人右侧，第二主宾要坐在副主人右侧，次要人物由中间向两侧依次排开。

（2）当双方首要人物带有夫人时，若采用法式坐法，则男女主人相对坐在餐桌正中，女主宾坐在男主人右侧，男主宾坐在女主人右侧；若采用英式坐法，则男女主人各坐两头，女主宾坐在男主人右侧第一位，男主宾坐在女主人右侧第一位，其他男、女穿插，依次而坐，如图1-17所示。

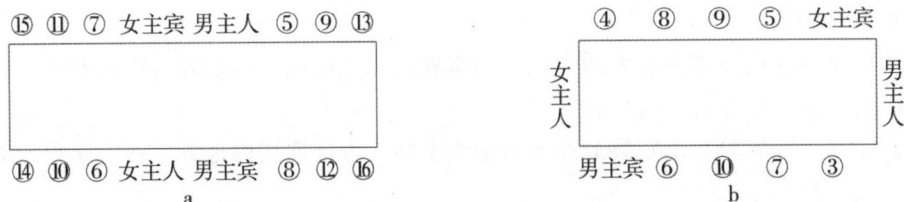

图1-17　西餐座次安排

（3）大型宴会需要分桌时，餐桌的主次一是按照距离主桌远近而定，近高远低；二是按照方向而定，右高左低；三是按照客人职位高低来定。每桌都有若干主人作陪，每桌的主人位置都要与主桌的主人位置方向相同。如果是长桌，则主桌只一面坐人，并面向分桌；主要人物居中，分桌客人面向主桌。

三、西餐铺台布操作程序与标准

铺台布时，服务员站在方桌一侧的中间位置。如果是长方形餐台，则应站在长边一侧操作。西餐宴会通常由多个方桌或圆桌拼成各种大型的餐台，铺台布时由2～4名服务员共同完成。铺好的台布应做到正面朝上，中心线对正，台布两侧下垂部分均匀、美观、整齐。

西餐铺台布一般分为以下几个操作步骤：

（1）检查餐桌是否稳固，位置是否适当。

（2）将折叠的台布放在餐桌上，台布的两条边朝向自己，台布的折叠方朝向外面。

（3）将台布的中骨线叠放到餐桌中央，双手捏住台布的一个侧边，将其余部分送至餐桌另一侧。

（4）将台布的中骨线重新拉回到餐桌中央，置于餐台的横向中心，十字取中，下垂均匀。

（5）如果是长餐台，则需要用多个台布拼铺而成。铺台布时，应从餐厅里往外铺，让每张台布的接缝处朝里。台布中线应连成一条线，台布下垂部分的四个边要平行相等。

四、零餐早餐摆台操作程序与标准

1.铺台布

按西餐铺台布的方法铺好台布。

2.展示盘

在餐位的正前方摆放展示盘，盘边距桌边2厘米。

3.餐刀、餐叉

在展示盘的右侧摆餐刀，刀刃向左；在展示盘的左侧摆餐叉，叉齿向上。餐刀、餐叉距展示盘1厘米，餐刀、餐叉后端距桌边2厘米。

4.面包盘、黄油刀

面包盘摆在餐叉的左侧，距餐叉1厘米，距桌边2厘米，也可与展示盘中心形成一条直线；黄油刀放在面包盘中轴线右侧，刀口朝左。

5.咖啡杯具

将咖啡杯连同垫碟放在餐刀右侧，咖啡匙放在垫碟内，杯把和匙柄向右。

6.调味品、牙签筒、烟灰缸

调味品、牙签筒、烟灰缸放在台布中线上客人方便取用的地方，或餐厅规定的位置上。

7.水杯

根据不同餐式的要求，决定是否在餐具前方放水杯。

五、零餐午餐、晚餐摆台操作程序与标准

1.铺台布

按西餐铺台布的方法铺好台布。

2.展示盘

在餐位的正前方摆放展示盘，盘边距桌边2厘米，将折好的餐巾花放在盘内。

3.餐刀、餐叉、汤匙

在展示盘右侧由里向外依次摆放餐刀、汤匙，刀口朝左；在展示盘左侧摆放餐叉，叉尖向上。餐具距桌边2厘米，距展示盘1厘米。如有鱼类菜肴，需加摆鱼刀和鱼叉。

4.面包盘、黄油刀

面包盘摆在餐叉的左侧，距餐叉1厘米，距桌边2厘米，也可与展示盘中心形成一条直线；黄油刀放在面包盘中轴线右侧，刀口朝左。

5.甜品匙、甜品叉

展示盘前方平行横摆甜品叉、甜品匙，叉尖、匙柄朝右。

6.水杯

水杯摆在餐刀前方3厘米处。

7.调味品、牙签筒、烟灰缸

调味品、牙签筒、烟灰缸放在台布中线上客人方便取用的地方，或餐厅规定的位置上。

8.烛台

如果是晚餐摆台，还需要放烛台。

六、西餐宴会摆台操作程序与标准

西餐宴会摆台操作程序与标准请扫描二维码观看。

操作视频1-10

西餐宴会摆台

情景案例1-9

餐具怎么少了

工作要点1-8

（1）摆台前，操作人员应洗手消毒，检查有无破损或不洁的餐具，如果发现应及时更换。

（2）摆台时，按照一底盘、二餐具、三酒水杯、四调料用具、五艺术摆设的程序进行。

（3）摆放餐具时应注意手拿瓷器的边沿，刀、叉、匙的把柄，酒具的下半部。

学习评价与记录

一、学习评价

根据本工作任务所学内容，按照表1-15进行学习评价。

表1-15 西餐摆台工作学习评价表

考核项目	考核要点		配分	得分
知识掌握	西餐摆台种类		5分	
	西餐摆台用具		10分	
	西餐摆台操作程序		10分	
技能操作	操作位置	从主人位开始操作	10分	
	操作姿势	姿势优美大方，动作规范，符合礼仪标准	10分	
	卫生要求	操作过程中注意卫生，台布、餐具清洁	10分	
	整体效果	台面设计新颖，主题元素表述准确、清晰	10分	
		餐具配套，布件颜色协调、美观，符合主题创意	10分	
		整体设计符合西餐要求，注重细节	10分	
素质养成	服务意识		5分	
	创新能力		5分	
	敬业精神		5分	
合计分数			100分	

二、学习记录

根据本工作任务所学内容，填写表1-16学习记录卡。

表1-16 学习记录卡

工作任务		学习时间	
姓　　名		学　　号	
学习方式	个人（　　）　　　小组（　　）　　　小组成员：		
工作过程			
技能创新			
学习体会			

任务九　　撤换餐用具

◎ **学习目标**

1.知识目标

•掌握中餐撤换餐用具的时机。

•了解西餐撤换餐用具的时机。

•掌握餐厅撤换餐用具的操作方法。

2.能力目标

•能够分辨中、西餐撤换餐用具的时机。

•能够根据客人用餐情况提供撤换餐用具服务。

3.素养目标

•培养学生积极主动的服务意识。

•培养学生认真负责的工作态度。

•培养学生爱岗敬业的职业精神。

工作导入

工作描述：小高是酒店餐饮部的新员工，在没有接受培训的情况下就匆匆上岗了。某天，小高负责的区域来了一伙客人。席间，小高看见客人的烟灰缸满了，便赶紧拿着托盘以一阵风的速度把烟灰缸撤走了，可是还没走出几步，就听客人喊："服务员，你过来看看，这烟灰怎么弄得到处都是呀!"小高连忙向客人道歉。

请你告诉小高撤换餐用具的方法。

工作要求：方法得当，内容具体。

知识储备

撤换餐用具就是服务人员把客人已使用完毕的骨碟、菜盘、烟灰缸以及一切用不着的或暂时不用的餐具、用具从餐桌上撤下，并根据需要换上干净的餐具、用具，以体现卫生、礼貌和高质量的服务。

一、中餐撤换餐用具的时机

1.撤换骨碟

如果宴会的规格、档次较高，那么每上一道菜都应撤换一次骨碟。一般宴会撤换骨碟的次数不少于3次。以下几种情况通常需要撤换骨碟：

（1）吃完浓汁浓味的菜肴时，需要撤换骨碟，以防与下一道菜串味儿，影响客人食欲。

（2）吃完带骨、刺、壳的菜肴后，需要及时更换骨碟。

（3）吃甜、咸味交叉的菜肴时，为了保持食物的原味，需要为客人撤换骨碟。

（4）上翅、羹或汤之前，要上一套小汤碗，待客人吃完后，送上毛巾，收回汤碗，换上干净的骨碟。

（5）上水果前，应换上干净的餐碟和水果刀、叉。

（6）骨碟内洒落酒水或异物时，要及时更换。

（7）客人不慎将骨碟掉到地上时，要立即更换。

2.撤换汤碗、汤勺

盛过汤的汤碗内难免留下汤汁，因此用完第一道汤菜后，需要换一套干净的汤碗、汤勺，以免影响下一道汤菜的口味。

3.撤换菜盘

客人就餐时，服务员应注意观察，当客人食用完一道菜肴后，应先征求客人的意见，得到肯定的答复后才能撤换菜盘；如果有多道菜，当菜盘内还有少量余菜时，可将大菜盘换成小菜盘。

4.撤换酒具

宴席进行中，客人提出更换酒水时，应同时更换酒具；客人的酒杯中洒落汤汁、异物时，应及时更换酒具；客人的酒具打碎或掉在地上时，也应及时更换酒具。

5.撤换烟灰缸

高档宴会中发现烟灰缸内有2个以上烟蒂或杂物时，应立即撤换；在零餐和一般宴会中，烟灰缸内不能超过5个烟蒂。

6.送换香巾

客人到时要递香巾，上汤后要更换香巾，上炒饭后要更换香巾，上虾蟹等需要用手剥食的菜前后要更换香巾，上水果前后要更换香巾，客人中途离席回来后要更换香巾，客人结账后要更换香巾。

二、西餐撤换餐用具的时机

西餐要求每上一道新菜，撤换一次餐盘，其时机是：当客人餐盘上的刀、叉交叉摆在餐盘上时，表示客人还要继续食用；当客人餐盘上的刀、叉平行放在餐盘上时，表示此菜食用完毕，可以撤去刀、叉、餐盘。此外，撤换时还要注意征询客人的意见。

训练指导

◎　**工作思路**

通过对撤换餐用具基础知识的讲解和操作技能的训练，学生应了解撤换餐用具的时机，掌握撤换餐用具的方法和标准，达到熟练操作的训练要求。

◎　**工作准备**

（1）准备好撤换餐用具时使用的托盘，撤换香巾时使用的香巾夹。

（2）将备餐台腾出一定的位置，以便放置撤下来的餐用具等席间用品。

（3）准备好撤换后将要使用的餐用具。

◎　**操作方法**

教师先讲解、示范，然后由学生操作，教师再进行指导。操作后，学生之间相互点评，最后由教师总结。

◎　**技能训练**

一、撤换骨碟、汤碗、汤勺

（1）服务员把干净的骨碟、汤碗、汤勺放在托盘的一侧，左手托盘，右手从客人右侧撤换餐具。

（2）从主宾开始，先将用过的骨碟、汤碗、汤勺撤下，放在托盘的另一侧，然后为客人摆放上干净的骨碟、汤碗、汤勺，按顺时针方向依次进行。

工作要点1-9

　　撤换骨碟、汤碗、汤勺时，注意将干净的和用过的骨碟、汤碗、汤勺严格分开，以免交叉污染。撤换骨碟如图1-18所示。

图1-18　撤换骨碟

情景案例1-10

撤换餐具惹
客人不悦

二、撤换菜盘

　　撤换菜盘时，服务员应站在客人右侧，右脚在前，左脚在后，用右手撤下菜盘。

工作要点1-10

　　撤换菜盘时，注意不要将汤汁滴在客人身上或台面上，动作要轻、要稳。

三、撤换酒具

（1）服务员把干净的酒具放在托盘的一侧，左手托盘，右手从客人右侧撤换酒具。

（2）从主宾开始，先将用过的酒具撤下，放在托盘的另一侧，然后为客人摆放上干净的酒具，按顺时针方向依次进行。

工作要点1-11

　　撤换酒具时，注意将干净的和用过的酒具严格分开，以免交叉污染。操作时，不得将酒杯相互碰撞，以免发出声响，打扰客人。

四、撤换烟灰缸

服务员把干净的烟灰缸叠放在用过的烟灰缸上，将两只烟灰缸一起拿到托盘内，再将干净的烟灰缸摆放到原位。

工作要点1-12

　　撤换烟灰缸时，以不打扰客人为宜，动作要轻，同时要防止烟灰到处乱飞。

五、撤换香巾

服务员先将消毒后的香巾用香巾夹夹放在香巾架内，摆放在托盘里；然后左手端托盘，右手将香巾架放在客人右侧，由客人自取。

服务员也可将香巾放在垫碟内，用香巾夹直接递给客人。

工作要点1-13

　　撤换香巾时，应注意不要用手直接取送。

六、更换台布

（1）先将台面上的用品移到半面台布上，然后将另半面脏台布卷起，露出半张餐桌。

（2）将台面上的用品从台布上移到露出的半张餐桌上，将脏台布卷起撤下，撤脏台布时注意不要将杂物掉在座位或地面上。

（3）在未放用品的半张餐桌上铺上干净的台布，铺时注意台布中间折缝与餐桌中线重合，再将留在餐桌上的用品移到已铺好的台布上。

（4）将另一半未展开的干净台布打开铺平，按规定位置摆好各种餐具。

工作要点1-14

　　（1）注意台布四周应下垂均匀，符合规范。

　　（2）将台面用品按规定摆放好。

学习评价与记录

一、学习评价

根据本工作任务所学内容，按照表1-17进行学习评价。

表1-17　　　　　　　　　撤换餐用具工作学习评价表

考核项目	考核要点		配分	得分
知识掌握	中餐撤换餐用具的时机		10分	
	西餐撤换餐用具的时机		10分	
	餐厅撤换餐用具的操作方法		10分	
技能操作	操作姿势	操作姿势规范、优美	10分	
	撤换时机	选择合适的时机撤换餐用具	15分	
	撤换效果	换好的台布四周下垂均匀，台面餐用具按规定摆放好	15分	
素质养成	积极主动的服务意识		10分	
	认真负责的工作态度		10分	
	爱岗敬业的职业精神		10分	
合计分数			100分	

二、学习记录

根据本工作任务所学内容，填写表1-18学习记录卡。

表1-18　　　　　　　　　　学习记录卡

工作任务		学习时间	
姓　　名		学　　号	
学习方式	个人（　　） 小组（　　） 小组成员：		
工作过程			
技能创新			
学习体会			

任务十 餐厅插花

◎ **学习目标**

1.知识目标
- 了解东、西方插花艺术风格。
- 掌握餐厅插花的特点与要求。
- 掌握餐厅插花的基本样式。

2.能力目标
- 能够辨认餐厅插花的常用花材。
- 能够根据宴会特点设计插花。

3.素养目标
- 培养学生的创新能力。
- 培养学生的审美能力。
- 培养学生的职业热爱。

工作导入

工作描述：某酒店的餐厅迎来了几位欧洲客人，这里即将举行一场隆重的招待晚宴。为了烘托餐厅气氛，服务人员决定用插花进行装饰。

请为招待晚宴设计餐厅插花。

工作要求：内容具体，体现艺术感、时代感。

知识储备

插花是为了迎合人类的审美要求而形成、发展起来的一门艺术，与人类社会的文明和进步具有密切关系。同样，插花艺术在餐厅的应用也是伴随着人类社会的文明与进步而形成与发展起来的。现代社会，餐厅已经不仅仅是简单满足人们"食"的需要的场所，更是人们开展社会活动的一个基本环境。菜肴的"色、香、味、形"，就餐环境的"新、雅、特、净"，都反映了客人对现代餐厅的要求，而餐厅插花已经成为就餐环境的一个重要组成部分。

一、东、西方插花艺术风格比较

当今世界，插花艺术流派众多，总体上可分为两种：一种是以欧美为代表的西方风格的插花艺术；另一种是以中国、日本等国为代表的东方风格的插花艺术。这两种插花艺术具有较明显的区别。

1.西方风格的插花艺术

西方风格的插花艺术注重色彩的渲染，强调装饰的丰茂，布置形式多为各种几何形体，表现为人工的艺术美和图案美。它的特点有：

（1）用花数量比较大，有花木繁盛之感。一般以草木花卉为主，如康乃馨、非洲菊、百合、唐菖蒲、菊花、马蹄莲和月季等。

（2）形式上注重几何构图，讲究对称，有雍容华贵之态，常见的形式有半球形、椭圆形、金字塔形和扇形等大堆头形状，有时也将切花插成高低不一的不规则形状。

（3）色彩力求浓重艳丽，营造出热烈的气氛，具有豪华富贵之气。花色相配，一件作品运用多种颜色，形成多个彩色的块面，因此也称为色块插花；有时也将各色花混插在一起，创造出五彩缤纷的效果。

2.东方风格的插花艺术

东方风格的插花艺术崇尚自然，朴实秀雅，富含深刻的寓意。它的特点有：

（1）使用的鲜花不求繁多，只插几枝便能起到画龙点睛的效果。较多使用青枝绿叶来勾线、衬托，常用的枝叶有银柳、十大功劳、火棘、八角金盘、大叶黄杨、棕榈和松枝等。

（2）形式上追求线条、构图的完美和变化，简洁清新。造型构图讲究丽姿佳态，达到"虽由人作，宛自天开"之境，或似幽静绝妙的风景小品，或成一幅折枝花卉图。排列处置要求删繁就简，并确立了三大主枝构成不等边三角形的定位方法，高低横斜遵循一定的规则，但又不拘成法。

（3）用花朴素大方，清雅脱俗，一般只用2~3种花色，简洁明快。在色彩的处理上，较多运用对比色，特别是利用容器的色调来反衬花卉，同时采用协调色。

二、餐厅插花的特点与要求

餐厅插花一般是为了烘托就餐环境，映衬菜品。餐厅插花多设计为台花摆放在餐桌上，也有越来越多的餐厅设计应用了造型简洁的瓶花，其艺术效果也十分突出。同时，考虑到餐厅的特殊环境以及饮食安全问题，餐厅插花的选材以色泽能够满足大众审美需求、香气淡雅适中、无毒副作用或其他危害人体的成分、经济实惠的花卉为主。在配色、造型、样式等方面，餐厅插花也有一定的原则和要求。

1.餐厅插花的配色

不同的色彩会引起不同的心理反应，进而影响人的情绪。在不同的国家，人们对颜色的偏好不同。例如，巴西人认为人死好比黄叶从树上落下来，所以将棕黄色视为凶丧之色；比利时人最忌讳蓝色，遇到不吉利的事时都穿蓝色的服装；埃塞俄比亚人穿淡黄色的服装表达对死者的深切哀悼；土耳其人在布置环境时喜用素色，禁用花色。

在我国，人们对色彩的认识也是多种多样的。

红色：具有艳丽、热烈、富贵之感，人们习惯用红色花束表示喜庆、吉祥。

橙色：丰收之色，表示明朗、甜美、成熟和丰收之意。

黄色：有一种富丽堂皇的富贵气，象征高贵和尊严。在丧仪上，黄色花的使用也十分普遍。

绿色：既富有生机及春天的气息，又具有健康、安详、宁静的象征意义。

蓝色：有安静、深远和清新的感觉，往往和大海联系在一起，使人心胸豁达，但从消极方面来看，也有阴郁、冷淡之感。

紫色：有华丽高贵的感觉。

白色：具有朴素、高雅之感，象征纯洁，但是略显单调，还有悲哀的含义。

黑色：具有坚实、含蓄、庄严、肃穆之感，但是容易与黑暗联系在一起。

在餐厅插花时，色彩的象征和联想只能作为色彩运用的参考，服务员应主要依据所要表达的题材内容和观赏对象进行色彩设计。

餐厅插花既要有优美的造型，又要色彩明艳，两者均是吸引客人目光、塑造餐厅形象的主要因素。然而在审美过程中，人们往往会偏重色彩，或者说，色彩的美最易被人们所接受。插花时，不同的色彩相配，能使插花的整体效果富有变化，进而增强层次感；同一色彩的不同明度配合在一起，也能使插花的整体感增强。

2.餐厅插花的造型

虽然餐厅插花的造型千变万化，但也有一些规律可循。餐厅插花的造型一般可分为两类，即对称的插花和不对称的插花。

（1）对称的插花，即将切花在假定的中轴线两侧或上下均齐布置，为同形同量，呈完全相等的状态。它的特点是倾向于统一，条理性强，但必须注意防止单调和呆板。对称的插花不太讲究花体与花器之间的比例关系，以稳固为基本度量标准；也不太讲究疏密变化，主要是匀称排列。常见的造型有球形、半球形、扇面形、金字塔形、瀑布形等。

插花时，花体位置可以通过插入五枝花来确定。具体方法是：将第一枝花插在顶部，确定花体的高度，另外四枝花插在花体的前后左右，以确定花体的宽度，其他的花在限定的范围内插入。

（2）不对称的插花，通常是以不等边三角形的构图方法来确定造型，以充分体现线条的变化。它以不对称的均衡为原则，特点是富于变化，艺术效果活泼自然。这种插花在餐厅使用，不仅能够烘托环境气氛，而且能够表现插花者的思想，意境深邃。

不对称的插花不易掌握，刚开始学习时，可以先遵循一定的比例关系进行配置。插花前先大致构思出一个图案，然后挑选出三枝花作为主枝，按照一定的比例插入。一般插花形式三主枝高度的计算方法为：

第一主枝长=（花器高+宽）×1.5

第二主枝长=第一主枝长×2/3

第三主枝长=第二主枝长×2/3

三主枝高度的比例关系确定后，还要运用一个不等边三角形轮廓的定位方法。运用这种方法时，只要掌握了一定的比例关系，把三枝花的位置、角度略微变化一下，就能够创造出不同的造型。

不对称的插花两边的距离虽有长短，但重心位置始终在插花器皿中心，因此能够保持重心平衡。此外，为了保持平衡，对花材的布局也有所要求。一般来说，插花配置要掌握六法，即"高低错落、疏密有致、虚实结合、仰俯呼应、上轻下重、上散下聚"。

3.餐厅插花的基本样式

按照插花主枝在花器中的位置，餐厅插花大致可以归纳为四种基本样式，即直立式、倾斜式、悬崖式和平卧式，每种样式都有一定的变化范围。

（1）直立式插花，以第一主枝基本呈直立状为基准，所有插入的花卉都呈自然向上的趋势，并保持朝向一个地方。每枝花卉的插入都要有艺术构思，突出主题，力求层次分明，高低错落有致。第一主枝在花器内必须插成直立状；第二主枝插在第一主枝的一侧略有倾斜；第三主枝插在第一主枝的另一侧，也可略有倾斜；后两枝花要求与第一枝花相呼应，形成一个整体。

（2）倾斜式插花，以第一主枝倾斜于花器一侧为标志。这种样式的插花具有一定的自然状态，如同风雨过后那些被吹弯的枝条又伸腰向上生长，体现了不屈不挠的顽强精神；又有临水之花木那种"疏影横斜"的韵味，姿态清秀雅致，耐人寻味。

（3）悬崖式插花，也称垂挂式插花，多用于餐厅环境的装饰，一般置于餐厅花台、壁洞、转角处或供客人观赏的位置。悬崖式插花较多运用于高花器中，以第一主枝在花器上悬挂下垂为主要造型特征。花枝要求清疏流畅，线条简洁而又夸张，形如高山流水、瀑布倾泻，又似悬崖上的葛藤垂挂。

（4）平卧式插花，是将全部花卉都在一个平面上表现出来的样式。造型如同地被植物匍匐生长的姿态，花枝间没有明显的高低层次变化，只向左右平行方向做或长或短的伸缩。平卧式插花比较适合于餐桌布置，不会挡住就餐客人的视线。

训练指导

◎　**工作思路**

通过对餐厅插花基础知识的讲解和操作技能的训练，学生应了解餐厅插花的特点、类型和基本要求，掌握餐厅插花的技巧、程序与操作要领，达到能够根据餐厅环境需要熟练进行餐厅插花的训练要求。

◎　**工作准备**

（1）物品准备。准备好插花用的鲜花卉、观叶植物、插花器皿等。

（2）准备好插花工具。

①修剪工具：剪刀、刀和锯。

②固定工具：花插座、瓶口插座、花泥。

③辅助工具：金属丝、贴布、喷水壶、透明胶、订书机、注水器、花插校正器等。

（3）了解客人的风俗习惯与生活禁忌，了解宴会场地与餐桌布局，选好插花造型。

◎　**操作方法**

教师先讲解、示范，然后由学生操作，教师再进行指导。学生可以在插花造型与风格上有自己的创意，操作后学生相互之间进行点评，最后由教师总结。

◎ 技能训练

一、餐厅插花操作程序与标准

1.半球形标准式餐桌盘花

（1）花材：康乃馨、排草。

（2）操作程序（如图1-19所示）。

图1-19 半球形标准式餐桌盘花的操作程序

①将浸泡过水的花泥按照花器的大小切好，放入花器中。

②用剪刀修齐排草。

③把排草呈圆形插在花泥底部周围。

④将康乃馨花茎剪成斜面，长度不超过底部排草。

⑤把康乃馨插在排草的上围，间隔相同，形成一个圆形，一般以八枝康乃馨为宜，对角线对齐，十字交叉且红黄两色相间。

⑥定高度，将一枝康乃馨插在花泥中央，高度与底部康乃馨一致。

⑦连接轮廓，以中央的康乃馨为中心，向四周插花，与底部的康乃馨连成一条线，一般插三层为宜，形成一个半球形，注意红黄相间。插花完成后，还要用修剪好的排草补空，以遮盖花泥，这样热烈又温馨的半球形标准式餐桌盘花便完成了。

2.半球形自由式餐桌盘花

（1）花材：玫瑰、蓬莱松、马莲草、箭叶。

（2）操作程序（如图1-20所示）。

图1-20　半球形自由式餐桌盘花的操作程序

①先将泡好的花泥放置在花器中，把蓬莱松和玫瑰修剪成小枝，然后开始插蓬莱松。

②蓬莱松应插成半球形，松枝的高矮要略有变化。

③白玫瑰三枝一组，在球面上插三组白玫瑰，再用单枝的红玫瑰点缀其间，四五枝即可；将箭叶的中间部分剪成斜口，再弯成弧形插入花泥中，五六根即可。

④造型基本完成后，插入几根马莲草，让草尖穿破球形，在花的上方形成优美的线条，充分体现自由式的特点。

3.水平式餐桌盘花

（1）花材：西伯利亚百合、龙胆、玫瑰、散尾葵、巴西木叶、蓬莱松、箭叶。

（2）操作程序（如图1-21所示）。

①修叶定宽度，将散尾葵修剪整齐，插入花泥中，用四片叶子来确定整个盘花的大小，一般长与宽的叶片比例为2：1。

②用巴西木叶做造型，把叶片剪成两端有斜面的插口，弯曲后插入花泥中央，再将四片只修剪一端的巴西木叶插入花泥四周，与散尾葵相间插入，长度不超过散尾葵。

③将箭叶取中间部分修剪成斜口插入花泥中，位置在巴西木叶的左右两旁，做造型用。

④将一朵西伯利亚百合插入中央的巴西木叶中，高度适中，将紫色的龙胆插在花泥的下围，在散尾葵之上，长度不超过散尾葵，形成一个椭圆形的花围。

⑤将几枝粉红色的玫瑰插在西伯利亚百合与龙胆之间，然后用蓬莱松把裸露的花泥覆盖住，水平式餐桌盘花就完成了。

4.倒T形插花

（1）花材：百合、玫瑰、泰国兰花、黄莺、散尾葵、熊草。

（2）操作程序（如图1-22所示）。

图1-21　水平式餐桌盘花的操作程序

图1-22　倒T形插花的操作程序

①选用小型的花器，以突出倒T字的造型，将泡好的花泥放入花器中。

②将修剪好的散尾葵插入花泥两端，散尾葵的长度与花器的直径相当，用熊草作

为垂直的部分插入花泥中，其长度比底部散尾葵长约1倍。

③沿着散尾葵插入两枝泰国兰花，让底部丰满起来。

④在中间部分插入焦点花百合，花朵倾斜向前，同时也确定了插花的厚度。

⑤用玫瑰沿着T字形打轮廓，在T字的拐角处也插入玫瑰，同时用黄莺点缀空隙处。至此，倒T形插花就完成了。

据说倒T形插花的设计者是从喷水池得到的灵感，作品表现了向上喷溅的水和飞沫四处落下的优美线条，讲究对称，插花时需要注意焦点和美感。

5.三角形标准式插花

（1）花材：康乃馨、散尾葵、黄莺、百合。

（2）操作程序（如图1-23所示）。

作品欣赏1-5

三角形标准式
插花

图1-23　三角形标准式插花的操作程序

①准备三角形插花的花器，以矮瓶为主，放入泡好的花泥并垫上塑料纸。

②修剪散尾葵为细长的三角形，将一枝散尾葵插入花泥中央偏后，高度为花器高度的2倍左右，两侧再各插入一枝散尾葵，长度为中央散尾葵的一半，形成一个三角形。

③用四枝康乃馨确定三角形的三个角和中心；打轮廓，插五个点，即高、两个宽边、花的厚度及焦点。位于两侧花中点的厚度花的长度应为最高花的1/4，并与最高花垂直。将一枝百合作为焦点花插在花泥前中央，倾斜向前，位置在花高的1/4处。

④造型基本完成后，用康乃馨来打外部轮廓，均匀地按比例进行填充，红黄两色相间，一般以三层花为宜。

⑤最后用黄莺覆盖裸露的花泥。

6.三角形自由式插花

（1）花材：百合、鹤望兰、玫瑰、云龙柳、巴西木叶、龟背竹、散尾葵。

（2）操作程序（如图1-24所示）。

作品欣赏1-6

三角形自由式
插花

图1-24　三角形自由式插花的操作程序

①选一个矮瓶作为花器，放入花泥。用云龙柳、鹤望兰以及剪好的散尾葵定出高度，一般为花器的2倍左右。

②用巴西木叶和龟背竹定出三角形的两边，长度为高的一半，其实只是做出一个大致的三角形，更多的地方还要自己去发挥创造。

③在高度的1/4处插入两朵百合作为焦点花，因为百合美丽大方又夺人眼球，所以在很多插花中都以百合为焦点花。

④在一些空缺或不完美的地方补上几枝粉色的玫瑰，整个作品就更有层次感了，颜色也更丰富了。

7.直立式插花

（1）花材：黄玫瑰、尤加利、黄莺。

（2）操作程序（如图1-25所示）。

作品欣赏1-7

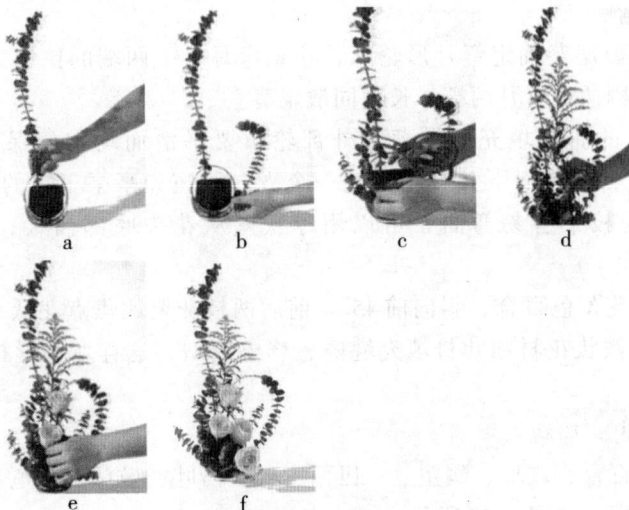

直立式插花

图1-25　直立式插花的操作程序

①选择一个半圆形玻璃瓶，放入泡好的花泥，修剪叶材和花材。

②将尤加利剪成长短不一的形状，去掉下部叶片，底端剪成斜口，插入花泥中，

注意整体造型要高低错落，并有一定的曲线感。

③在后部插入一枝黄莺，与尤加利相呼应，高度在尤加利以下。

④在焦点位置插入黄玫瑰，插花时用力要适当。一般来讲，主花材、长花枝要插得深一些，陪衬花材和短花材可插得浅一些。

8.弯月形标准式插花

（1）花材：非洲菊（红色扶郎）、散尾葵、黄色百合、蓬莱云柳。

（2）操作程序（如图1-26所示）。

作品欣赏1-8

弯月形标准式
插花

图1-26　弯月形标准式插花的操作程序

①选择一个细高的花瓶，以衬托弯月造型，在花器中装入泡好的花泥并包上塑料纸，以免水渗出。

②先用叶材散尾葵确定弯月形轮廓，注意弯月上下两端的比例为8：5，再将长枝形花材蓬莱云柳插入弯月两端，长度同散尾葵。

③沿着弯月的曲线填充非洲菊，外部轮廓要平滑而均匀，保持弯月的形状，花头在一条线上，缓慢而下并且统一朝一个方向，宛如亭亭玉立的少女（小诀窍：为了使非洲菊的枝干容易弯曲，可以用绿铁丝从花头底部插入，螺旋缠绕在花茎上）。

④插入焦点花黄色百合，斜向前45°，前后两枝花要比焦点花低一些，用来确定厚度；再用一些散状花材和叶材填充缝隙，修整造型，这样弯月形标准式插花就完成了。

9.弯月形自由式插花

（1）花材：百合、玫瑰、鹤望兰、巴西木叶、箭叶、散尾葵、龟背竹。

（2）操作程序（如图1-27所示）。

作品欣赏1-9

弯月形自由式
插花

图1-27　弯月形自由式插花的操作程序

①选择长条形花器，放入泡好并包上塑料纸的花泥，用一枝高度与花器相当或略高一些的鹤望兰作为弯月的上部。

②将龟背竹和散尾葵插入花泥的底部作为弯月的下部，比例为8∶5，与弯月形标准式插花相同。

③把箭叶和巴西木叶弯曲后插入花泥，让整个弯月丰满起来。

④在焦点位置插入百合，可以用不同颜色的百合组成焦点，这是一个创作的过程，然后在中央点缀上小型的玫瑰，这样弯月形自由式插花就完成了。

弯月形自由式插花是弯月形标准式插花的变形，它更多地体现了花艺师的审美感受。

10.S形插花

（1）花材：尤加利、非洲菊（黄色扶郎）。

（2）操作程序（如图1-28所示）。

作品欣赏1-10

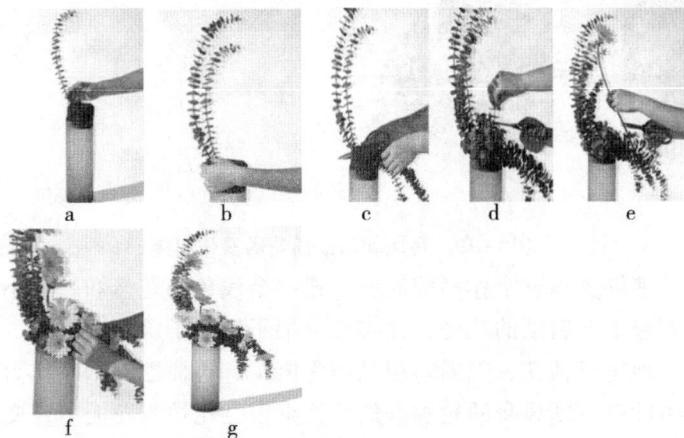

S形插花

图1-28　S形插花的操作程序

①选用又窄又深的高瓶为花器，将泡好的花泥包上塑料纸放入花瓶中。

②剪取尤加利的长枝条，插入花泥的两端，形成S形。一般来说，S形的上段占2/3，下段占1/3，并且相互呼应。

③用尤加利自上而下地填充S形，中间花泥部分要用剪短的尤加利填满。

④将非洲菊循序插入花泥中，点缀S形造型。

11.丹凤朝阳式插花

（1）花材：鹤望兰、泰国兰花、巴西木叶、散尾葵、龟背竹、玫瑰、百合、非洲菊。

（2）操作程序（如图1-29所示）。

作品欣赏1-11

丹凤朝阳式
插花

图1-29　丹凤朝阳式插花的操作程序

①制作一个能够支撑整个作品的底座，选一个浅色的花篮和一个小花架，在花篮和花架上固定好包上塑料纸的花泥，并将整个架子用绳子绑好。

②自上而下地进行插花，先插鹤望兰作为凤头，再插巴西木叶作为凤尾。

③用巴西木叶打一圈凤身的轮廓，然后将泰国兰花填入花泥中，要做得既有层次又丰满。这样一只丹凤就完成了。

④接下来是底部的插花，按照水平式餐桌盘花的操作方法进行，设计者可以发挥自己的创造力，在底座上插入散尾葵和龟背竹，同时点缀一些百合、玫瑰和非洲菊，

就像丹凤栖息在百花丛中一般，用一个完美的底座承托上面的凤。

12. 自由投入式插花

（1）花材：金盏菊、玫瑰、马莲草。

（2）操作程序（如图1-30所示）。

图1-30 自由投入式插花的操作程序

①把金盏菊花束自由投入花瓶中，使其轻松而休闲地散开。

②修剪马莲草，使其比花茎长一些。

③将马莲草插入金盏菊中间，向四周散开，此时的插花已经活泼起来了。

④最后一步则全凭自己的喜好，可以在中间加上几朵玫瑰点缀一下。

二、餐厅插花操作要领

1. 延长插花花期的方法

延长插花花期的方法通常有蜡封法、烫封法、添加剂法、花泥插花法等。

2. 花材的处理技巧

花材的处理技巧通常有金属丝缠绕法、卷叶法、修叶变形法、树枝倒插法等。

3. 插花的固定技巧

（1）折枝固定法。有些花卉的枝条比较硬直，不易弯曲，如枇杷、松和贴梗海棠等，可采用折枝固定法处理；有些花卉的形态有缺陷，或固定时有困难，又不宜用金属丝绑扎，也可采用折枝固定法处理。

（2）夹枝固定法。花枝插入花器时，常会出现移动和不入位的现象。为了使花枝能够牢固地插在花器里，可根据花材的具体情况，分两种方法解决。一种方法是横枝夹缚固定，即在需要插入的木本花枝尾部纵向剪切出一个豁口，夹上一段小枝；花枝与小枝呈十字交叉状，然后插入瓶中，使花枝与花瓶有三个支撑点，从而达到固定的目的。另一种方法是直枝夹缚固定，即夹缚的枝条呈纵向，枝条上部伸出较短，能绑住花枝即可，另一头较长，一直伸到花瓶的底部。

（3）瓶口插架固定法。瓶口插架的形状很多，主要是为了解决花瓶口不易固定花枝的难题。在大口花瓶中表现倾斜度较大的花枝时，可以采用十字形固定架，让花枝靠在插架十字交叉的夹角处，这样花枝就不会有大的移位了。如果瓶口的面积不太大，则可以安置Y形固定架，枝基支撑在瓶内壁上，枝腰靠在插架的凹口上。

（4）切口固定法。在使用花插座插花时，有些木本花卉较粗硬，难以插入花插座。为了便于固定，一般采用在基部切口的方法，就是根据造型需要将花材截取后，在切口处纵向切上几刀，形成若干个小豁口，让花枝能够顺利插入花插座。这样既便于花枝的固定，又扩大了创面，有利于花枝吸收水分。

（5）斜面切口固定法。处理插花材料时，除了对粗硬的木本花卉枝条采用切碎枝梗的办法外，对于一般的木本花卉和较硬的草本花卉，如银柳、蜡梅和菖兰等花枝，均宜用斜面切口固定法。如果插直立的枝条，只需要将花梗向下用力插，就能插入花插座。如果要插成倾斜的形状，可以先把花枝插成直立状，再将花枝向需要倾斜的方向推去。

（6）附枝固定法。质地松软或花梗细弱的花卉，如非洲菊、康乃馨、金盏菊等，难以固定在花插座上，因此只能采取附枝的办法加以固定。方法是取一截短枝，并用绳子或金属丝捆扎在花枝的基部，扩大花枝与花插座的接触面，这样花枝插入花插座就不容易倒伏。

（7）集团捆扎法。有些花卉花色艳丽动人，但花很小，一枝或两枝花根本体现不出美感，必须将花集中起来才会有好的效果。因此在插花时，可将花卉集成一束，用绳子或金属丝扎住，然后插入。

（8）花插座连体法。花插座的大小是有限的，有时为了制作大型的插花，单靠一个花插座是不够的。为了多插花，可以将几个花插座放在一起，然后用几段小树枝横连钉牢。

（9）花插倒扣法。在使用木本花卉插花时，难免会遇到花枝重、花插座轻造成的倒伏现象。此时，可以在花插座的一边再倒扣上一个花插座，以增加重力。

情景案例1-11

晚宴上的插花

工作要点1-15

（1）餐厅插花的重点是宴会餐台的插花。举行宴会时一般都要摆花卉，尤其是大型宴会，主桌上的花卉更是必不可少。

（2）宴会摆放插花应根据宴会主题、宴会场地、餐桌布局，以及主办单位的要求而定。

学习评价与记录

一、学习评价

根据本工作任务所学内容，按照表1-19进行学习评价。

表 1-19　　　　　　　　　　　餐厅插花工作学习评价表

考核项目	考核要点		配分	得分
知识掌握	东、西方插花艺术风格的异同		5分	
	餐厅插花的特点与要求		5分	
	餐厅插花的基本样式		5分	
技能操作	辨别花材	能够分辨不少于50种常用的插花花材	5分	
	设计插花主题	根据餐厅环境和客人特点设计3~5种插花主题，并选择相应的花材、工具和花器	5分	
	插花程序	将插花使用的花材、工具、花器整理好，分类放置在工作台上	5分	
		将花泥合理固定在花盘或花瓶上，修剪观叶植物	5分	
		将修剪好的茎叶插在花泥上，保证一次到位且能够基本表现出插花的形态	5分	
		修剪花卉，先插主花，再根据插花主题的需要，合理插辅花和装饰物	5分	
	插花手法与工具使用	插花过程中手法细致、灵活，不折坏花茎或碰落花瓣、叶片，所有花材保证清洁	10分	
		合理选择和使用工具	5分	
	完成作品	盘花主花离桌面最高不超过15厘米；瓶花根据瓶高适当调整，以不阻挡视线为标准	5分	
		完成的插花作品适当整理和适量喷水，以没有水珠滴下为宜	5分	
		完成的插花作品结构紧凑，色彩以3~4种为宜，所有花卉疏密有致，既不显得过于拥挤及浪费花材，又不显得疏松	10分	
		完成一件插花作品的时间在15分钟以内	5分	
素质养成	创新能力		5分	
	审美能力		5分	
	职业热爱		5分	
合计分数			100分	

二、学习记录

根据本工作任务所学内容，填写表1-20学习记录卡。

表 1-20　　　　　　　　　　　学习记录卡

工作任务		学习时间	
姓　　名		学　　号	
学习方式	个人（　　）　　小组（　　）　　小组成员：		
工作过程			
技能创新			
学习体会			

工作项目小结

本项目主要介绍了托盘服务、餐巾折花、斟酒服务、上菜服务、分菜服务、铺台布服务、中餐摆台、西餐摆台、撤换餐用具、餐厅插花等餐厅服务基本技能。餐厅服务人员对这些技能的操作娴熟与否，直接反映了其业务素质的高低和服务质量的好坏。

工作项目测试

一、选择题

1.下列托盘中按制作原料分的是（　　）。

A.木托盘　　　　　B.方托盘　　　　　C.圆托盘　　　　　D.大托盘

2.根据摆放方式的不同，餐巾折花可分为杯花和（　　）两类。

A.动物类花型　　　B.植物类花型　　　C.实物类花型　　　D.盘花

3.西餐服务中，为客人上鱼前应先斟好（　　）。

A.红葡萄酒　　　　B.白酒　　　　　　C.白葡萄酒　　　　D.啤酒

在线测评1-1

选择题

4.零点餐上菜服务比较灵活，服务员应注意选择（　　）的位置上菜。

A.比较宽敞　　　　B.空隙　　　　　　C.老人　　　　　　D.儿童

5.以下（　　）是正确的分菜顺序。

A.先男后女　　　　B.先宾后主　　　　C.先主后宾　　　　D.先来后到

二、判断题

在线测评1-2

判断题

1.撒网式铺台布方法多用于宽大场地或技术比赛场合。　　　　　　（　　）

2.中餐摆台要求餐具之间的距离匀称，图案、花纹对正。　　　　　（　　）

3.西餐实行合餐制，西餐摆台因餐别、服务方式的不同而不同。　　（　　）

4.在为客人撤换香巾时，可以用手直接递送。　　　　　　　　　　（　　）

5.餐厅插花一般是为了烘托就餐环境，映衬菜品。　　　　　　　　（　　）

工作项目二
提高零点餐厅服务品质

工作概述

零点餐厅是指客人随点随吃、自行付款的餐厅。零点餐厅的主要工作内容包括餐位预订服务、餐前准备、迎宾服务、餐前服务、就餐服务、结账服务、送客与收尾服务、管理日志的填写等。零点餐厅服务要求服务人员熟悉这些工作的操作程序与标准；具有良好的服务态度、较强的敬业精神和过硬的服务技能；了解当天厨房的供应情况，以及菜式烹调的基本方法；能够推销符合客人需求的菜点，并向客人提供最佳的服务。

服务素养

耐心细致是每个服务人员必备的素质。

服务无小事，每件事都需要全力以赴。

不管处于什么样的情况，服务人员都应做到不厌其烦、平心静气。

服务理念

服务，是一种态度。

端正工作态度不仅是职业道德的基本要求，也是成就个人理想的基本要求。优质的服务首先需要树立正确的服务态度，它反映的是服务的内涵，是服务的素质，也是服务的技术。

任务一　　餐位预订服务

◎ **学习目标**

1.知识目标

•了解餐位预订的方式。

•掌握餐位预订的内容。

•掌握餐位预订服务的程序与标准。

2.能力目标

•能够准确填写餐位预订登记表。

•能够熟练为客人提供餐位预订服务。

3.素养目标

•培养学生积极主动的服务意识。

•培养学生认真负责的工作态度。

•培养学生爱岗敬业的职业精神。

工作导入

　　工作描述： 丰顺驾校欲与国外一家汽车公司合作，遂请该汽车公司副总裁到驾校考察，之后谈判、签约，最后到北京宴吃饭。然而谈判并不顺利，也没有完成签约，但饭还是要吃，于是双方来到了北京宴。

　　一进门，外宾就感到十分惊喜，因为餐桌上布置了丰顺驾校和汽车公司的LOGO，中间还有一个握手图案，寓意两家公司合作成功。同时，电视屏幕上用两国语言写着"热烈欢迎××汽车公司副总裁莅临考察"，电视两旁还摆放着两国国旗。

　　最令人难以置信的是，北京宴还在相框里摆上了汽车公司副总裁的照片，从大学时期到就职于汽车公司，每个阶段都有一张代表性照片，最后一张是他刚刚在丰顺驾校参观时的照片。

　　看到这一切后，副总裁对丰顺驾校的老板说："你们太用心了，我决定与你们合作。"就这样，在谈判桌上没谈成的合作，在北京宴的餐桌上谈成了，也因此成就了一段佳话。

　　资料来源　根据网络资料整理。

　　如果你是预订员，那么你在受理预订的过程中应该注意什么问题？请编写一段你和驾校工作人员之间关于餐位预订的对话。

　　工作要求： 内容具体，符合逻辑。

知识储备

一、餐位预订的方式

（1）当面预订。

（2）电话预订。

（3）网络预订。

二、餐位预订的内容

（1）用餐日期及时间。

（2）用餐人数及标准。

（3）预订客人的姓名、单位及联系电话。

（4）餐厅有关要求、其他服务项目或客人的特殊要求。

（5）点餐方式。

（6）是选择在吸烟区还是非吸烟区就餐。

（7）接受预订日期和预订员签名。

餐位预订登记表见表2-1。

表2-1　　　　　　　　　　　　餐位预订登记表

年　　月　　日　　　　　　　　　　　　　　NO.

房号/桌号	午餐				晚餐			
	姓名及电话	用餐时间	人数及标准	特殊要求	姓名及电话	用餐时间	人数及标准	特殊要求
包房1								
包房2								
⋮								
1号台								
2号台								
⋮								
备注								

训练指导

◎　**工作思路**

通过对餐位预订服务基础知识的讲解和操作技能的训练，学生应了解餐位预订的方式和内容，掌握餐位预订的服务程序与标准，达到能够准确、熟练地为客人提供餐位预订服务的训练要求。

◎　**工作准备**

（1）检查个人的仪容仪表是否符合餐厅要求，随时准备迎接当面预订的客人。

（2）检查电脑是否正常工作，是否能够显示餐厅预订情况。

（3）检查电话是否能够正常使用，话筒声音是否清晰。

（4）准备笔、本、餐位预订登记表等工作用品。

◎　**操作方法**

按预订的方式、内容等设计模拟场景。教师先示范，然后由学生操作，教师再指导。操作后，学生之间相互点评，最后由教师总结。

◎　**技能训练**

一、当面预订的受理

1.服务程序与标准

（1）问候客人。当客人前来预订时，应先问候客人。例如，"中午好/晚上好，欢迎光临××餐厅"。

（2）了解需求。礼貌问清客人的姓名、单位或房间号、用餐日期及时间、人数、台数、联系方式及其他要求，在征得客人的同意后为其安排相应的包房或餐台，并告知客人房号或台号。

（3）接受预订。向客人复述预订内容，请客人确认，并告知客人预订餐位最后的保留时间，然后向客人致谢并道别。

（4）预订记录。将预订的详细内容记录在预订登记表上，一般零点餐预订登记表一天一张，用后存档。

（5）预订通知。填好预订登记表后，如果是已确定菜单的预订，应立即通知餐厅领班、厨师长、采购部门；如果是未确定标准或菜单的预订，只通知餐厅领班即可；如果是有特殊要求的预订，应及时通知餐厅领班和厨师长。

2.模拟对话

模拟对话内容请扫描二维码观看。

模拟对话 2-1

当面预订的
受理

二、电话预订的受理

1.服务程序与标准

（1）问候客人。电话铃响三声之内接听电话，主动向客人礼貌问好，并准确报出餐厅名称及自己的姓名。例如，"您好，××餐厅预订部，我是预订员××，很高兴为您服务"。

（2）了解需求。仔细聆听客人介绍，了解客人的身份，问清客人的姓名、单位或房间号、用餐日期及时间、人数、台数、联系方式及其他要求，在征得客人的同意后为其安排相应的包房或餐台，并告知客人房号或台号。

（3）接受预订。向客人复述预订的内容，请客人确认，并告知客人预订餐位最后的保留时间，然后向客人致谢并道别。

（4）预订记录。将预订的详细内容记录在预订登记表上。

（5）预订通知。填好预订登记表后，如果是已确定菜单的预订，应立即通知餐厅领班、厨师长、采购部门；如果是未确定标准或菜单的预订，只通知餐厅领班即可；如果是有特殊要求的预订，应及时通知餐厅领班和厨师长。

2.模拟对话

模拟对话内容请扫描二维码观看。

模拟对话 2-2

住店客人电话
预订

模拟对话 2-3

店外客人电话
预订

工作要点 2-1

（1）预订是对订餐客人的一种承诺，因此在约定的时间内必须为客人保留餐位。

（2）在餐厅实际接待服务中，常常会出现客人预订后未按约定时间到达，以及客人预订后不来就餐等现象，所以预订员在为客人预订餐位时，应强调时间的重要性，主动告诉客人为其保留餐位的时间限制，超过保留时限的餐位会有其他客人使用。

（3）餐厅如因某种特殊原因需要更改客人预订的时间或地点，必须事先征得客人的同意，更改后的标准和条件应有一定的优惠并达到客人的要求。

（4）预订员既要精通预订业务，又要具备良好的服务意识和道德素养。预订服务应注意服务的主动性，以良好的服务态度尽量满足客人的需求。

情景案例 2-1

（5）预订员应避免出现接听电话不及时、接听电话不使用礼貌用语、无法满足客人要求时立即回绝而没有从客人角度出发提出替代性的建议等问题。

（6）预订时，每一项内容都要向客人询问清楚，对于客人提出的特殊要求，一定要做好细节记录，然后逐一填写在预订登记表上，最后再次向客人确认所有预订内容是否准确。

餐厅接受预订
时应注意什么

学习评价与记录

一、学习评价

根据本工作任务所学内容，按照表 2-2 进行学习评价。

表2-2   餐位预订服务工作学习评价表

考核项目	考核要点		配分	得分
知识掌握	餐位预订的方式		6分	
	餐位预订的内容		6分	
	餐位预订服务的程序与标准		6分	
技能操作	当面预订受理模拟训练	主动问候客人	8分	
		语言表达准确清晰，简明扼要	8分	
		着装大方得体，举止优雅	8分	
		能够正确填写餐位预订登记表	8分	
	电话预订受理模拟训练	电话铃响三声之内接听电话	8分	
		语言表达准确清晰，简明扼要	8分	
		着装大方得体，举止优雅	8分	
		能够正确填写餐位预订登记表	8分	
素质养成	积极主动的服务意识		6分	
	认真负责的工作态度		6分	
	爱岗敬业的职业精神		6分	
合计分数			100分	

二、学习记录

根据本工作任务所学内容，填写表2-3学习记录卡。

表2-3   学习记录卡

工作任务		学习时间	
姓　名		学　号	
学习方式	个人（　　） 小组（　　） 小组成员：		
工作过程			
技能创新			
学习体会			

任务二　**餐前准备**

◎ **学习目标**

1. **知识目标**
- 了解餐前准备的内容。
- 掌握餐前会的内容。
- 掌握开好餐前会的要点。

2. **能力目标**
- 能够策划餐前会。
- 能够和团队配合完成餐前准备工作。

3. **素养目标**
- 培养学生的责任意识。
- 培养学生的质量与效率意识。
- 培养学生的团队合作意识。

工作导入

工作描述：今天是你荣升餐厅领班的第一天，请你设计一次餐前会，并运用角色扮演法进行模拟训练。

工作要求：餐前会氛围轻松，内容符合工作需要。

知识储备

餐前准备是餐厅服务员在客人到达之前，根据服务流程完成的一系列服务准备工作，是做好服务工作的前提。

一、餐前准备的内容

1. 环境准备

（1）打扫地面卫生。扫地、擦地板、地板打蜡。

（2）打扫四周卫生。擦门窗玻璃、楼梯扶手，拂去墙壁、衣帽柜、装饰物等的尘土。

（3）打扫餐桌椅卫生。桌椅表面无油渍、水迹，并检查桌椅有无松动、损坏，若有应及时修补。

（4）打扫工作台。工作台应干燥、清洁，无灰尘、油污。

（5）调好室内灯光、音响，摆好室内屏风、装饰物等。

（6）根据需要做好节假日、喜宴的店堂美化工作。

2.物品准备

（1）餐具准备。根据餐厅类别，将所需要的餐具消毒后叠放在备餐间或备餐桌上。检查餐具是否有破损；如果有破损，应立即更换。

（2）服务用品准备。服务用品包括各种托盘、开瓶工具、餐巾、牙签等，都应准备齐全，规范摆放。

（3）酒水饮料准备。备好供应的酒水饮料、茶叶、冰块等。检查酒水饮料的质量，发现问题，立即退回。

（4）菜单准备。菜单应干净、无破损。同时，餐厅服务员应熟悉菜单上菜品的价格、主料、辅料、口味特点、基本烹制过程和方法、烹制时间等，了解当天主推的菜品和受季节影响不供应的菜品。

3.仪容仪表准备

对餐厅服务员仪容仪表的总体要求是端庄典雅。服务员上岗必须按规定着装，左前胸佩戴标牌，工作服整洁，纽扣齐全。衬衣一般系裤内或裙内，领带、领结符合规定，做到无脏、无皱、无破损。保持个人卫生，避免异味，不留长指甲，女服务员不能涂抹有色指甲油。头发梳理整齐，男服务员的头发不超过发际线、不盖耳、不过领、不留大鬓角，女服务员的头发不过肩。女服务员应淡妆上岗，各种装饰品一般不用，用则求简。

服务员上岗应精神饱满，注意力集中，面带微笑，举止优雅，落落大方。上岗前，服务员可以面对镜子，自我检查一下是否合乎要求，或服务员之间相互检查，相互纠正，从而以最佳的精神状态迎接客人。

4.心理准备

餐厅服务员还应做好应对各种突发情况的心理准备。俗话说，店门一开，八方客来。来餐厅用餐的客人由于性别、年龄、职业、身份、国籍等不同，因此用餐目的、标准及要求也各不相同。餐厅服务员要做到眼观六路，耳听八方，处处留心，时时细心，事事精心，要善于观察和判断客人的表情、动作，对客人的特殊用餐要求要有心理准备，提供服务要因人而异并把握好尺度。

情景案例 2-2

来餐厅吃饭，
点啥没啥

二、餐前会

在完成各项准备工作、餐厅即将营业前的30分钟左右，应举行一次餐前会，餐前会一般由餐厅领班主持。

1.餐前会的内容

（1）检查服务员的仪容仪表是否符合要求，服务工具是否备好。

（2）讲解厨房当天菜点水果的供应情况，当天特色菜肴的原料、口味及烹饪方法等。

（3）介绍客人情况以及重要客人的接待工作。

（4）说明客人投诉的处理流程及方法。

（5）总结前一天的工作，讲解当日工作要点。

（6）转达其他部门对本部门的意见及请求协作事项。

2.开好餐前会的要点

（1）要有时间限制，一般以10～15分钟为宜。

（2）要有统一约定的开会时间，通常午餐餐前会在上午10点进行，晚餐餐前会在下午4点进行。

（3）开会前应做好充分准备，事先写下开会时要讲的工作要点。

（4）开会时要求员工列队。

（5）开会时应抱着期望员工做好工作的态度去激励员工。

（6）讲话要清晰，气氛要轻松，让员工易于接受。

（7）定期请上级领导到会指导。

（8）及时传达上级的指示，做到下情上报和上情下传。

（9）允许员工反映问题并高度重视问题，同时应及时解决问题。

（10）遇到重大问题可延长开会时间。

（11）利用餐前会实施培训和技术交流。

（12）强调餐厅制度及工作标准。

训练指导

◎　工作思路

通过对餐前准备基础知识的讲解和操作技能的训练，学生应意识到餐前准备的重要性，了解餐前准备的内容，掌握餐前准备的程序与标准，从而为接下来的服务工作打下良好的基础。

◎　工作准备

（1）进行个人仪容仪表检查，工作服穿戴干净整洁、符合要求。

（2）接受工作安排，听取部门工作指令。

（3）了解厨房当天菜点水果的供应情况，当天特色菜肴的原料、口味及烹饪方法等。

（4）复查本服务区内的餐桌、餐椅、台布、摆台餐具、各种调味品、烟灰缸、牙签、火柴等是否齐全整洁，摆放是否符合要求等。

（5）准备好菜单、托盘、备用餐具、小毛巾等。

◎　操作方法

教师边讲解边示范，然后由学生操作，教师再进行指导。

◎　技能训练

一、餐前会

餐厅经理或领班负责总结前一天的工作，并讲解当日工作任务。

二、员工准备

员工按餐厅规定着装、化妆。

三、餐厅摆台准备

铺设台布，摆放餐用具。摆放方法及位置可参照工作项目一中"任务七　中餐摆台"的要求进行。

四、餐厅卫生准备

餐厅卫生准备可参照本任务中"环境准备"的要求进行。

五、备餐柜准备

物品齐全、整洁，分类摆放，使用方便。

六、检查设备

开餐前1小时检查所有照明设备、空调、背景音乐开关及音响设备是否正常，发现问题及时报修。

七、检查预订摆台

检查所摆餐位是否与预订人数相符；指示牌是否干净，内容是否正确；餐台鲜花是否新鲜、美观，客人有无禁忌；菜单是否干净，内容是否准确无误。

八、打开餐厅大门

如无特殊情况，一般午餐在11点整开始，晚餐在17点整开始。迎宾员应提前5分钟打开餐厅大门，准备迎接客人。

工作要点 2-2

（1）餐前准备工作要充分、细致。

（2）餐厅环境卫生、餐具卫生、个人卫生是餐前准备的重要内容，应十分注意。

（3）餐前会信息传达要翔实、准确。

学习评价与记录

一、学习评价

根据本工作任务所学内容，按照表2-4进行学习评价。

操作视频 2-1

餐前短会

情景案例 2-3

如何开好晨会

情景案例 2-4

餐前准备
出意外

表2-4   餐前准备工作学习评价表

考核项目	考核要点		配分	得分
知识掌握	餐前准备的内容		6分	
	餐前会的内容		6分	
	开好餐前会的要点		6分	
技能操作	餐前会模拟训练	员工全员参与，能够有效解决实际问题	8分	
		普通话标准，传达内容全面、重点突出	8分	
		着装大方得体，举止优雅	8分	
		气氛轻松，员工易于接受	8分	
	餐前准备模拟训练	餐厅环境整洁卫生，充满美感	8分	
		物品准备齐全，清洁卫生，摆放符合规定	8分	
		员工仪容仪表端庄典雅	8分	
		员工做好充分的心理准备	8分	
素质养成	责任意识		6分	
	质量与效率意识		6分	
	团队合作意识		6分	
合计分数			100分	

二、学习记录

根据本工作任务所学内容，填写表2-5学习记录卡。

表2-5   学习记录卡

工作任务		学习时间	
姓　名		学　号	
学习方式	个人（　　） 小组（　　） 小组成员：		
工作过程			
技能创新			
学习体会			

迎宾服务

◎　学习目标

1.知识目标
•了解热情迎宾的要求。
•掌握合理引位的要求。
•掌握餐厅迎宾服务的程序与标准。
2.能力目标
•能够礼貌热情地迎接客人。
•能够合理为客人安排座位。
3.素养目标
•培养学生积极主动的服务意识。
•培养学生认真负责的工作态度。
•培养学生爱岗敬业的职业精神。

工作导入

工作描述：一天中午，某酒店的中餐厅客人很少。12点10分，中餐厅来了一位约40岁的中年男子，迎宾员立即上前问好："欢迎光临，蔡先生，中午好，就您一个人吗？"这位被称为蔡先生的中年男子微笑着对迎宾员说："小王好啊，就我一个人，今天给我准备什么好吃的？"迎宾员小王立刻回答："蔡先生，今天中午有您最爱吃的烙馍卷田螺肉，我们知道您的胃不好，特意做了您最爱喝的萝卜养胃羹。"蔡先生一听特别高兴："好啊，谢谢您了！"用完午饭后，小王将蔡先生送到电梯口，并礼貌地问蔡先生到几楼，蔡先生告知住在三楼，小王为蔡先生按下楼层按钮后，微笑着将蔡先生送进电梯，向蔡先生道别后，又回到了工作岗位。

请根据此案例中迎宾员的服务过程，分析迎宾服务应做好哪些方面工作。

工作要求：分析透彻，内容详细。

知识储备

一、热情迎宾的要求

（1）当客人来到餐厅时，迎宾员应热情礼貌地问候客人，可以说："早上好/晚上好，先生/小姐，欢迎光临××餐厅，请问几位/请问需要几个人的餐桌？"问候客人时应注意遵循女士优先的原则，如果是常客或贵宾，应以姓或职务尊称客人。

（2）询问客人有无预订。如果客人有预订，应询问预订的单位名称或客人姓名，以及预订的人数等情况，并迅速与预订单核对，核对无误后引领客人至预先安排好的餐桌；如果客人没有预订，则应询问客人用餐人数，引领客人到满意的餐桌。

（3）询问客人是否吸烟。如果客人不吸烟，则应为客人安排在无烟区就座。

（4）当客人穿戴较多时，迎宾员应主动提示客人是否将外衣或帽子存放在衣帽间。接挂衣帽时应注意：外衣应拿衣领，切勿倒拿，以免口袋内的物品掉出；提醒客人贵重物品应随身携带，并及时将存衣牌交给客人；如果是贵宾，应记住客人及其衣帽的特征（一般不使用存衣牌）。需要说明的是，有的酒店有专设的衣帽间，衣帽存放服务由专职服务员提供；有的酒店则由迎宾员兼做此项工作。

（5）迎宾员为客人指示方向时，应四指并拢，手心向上，同时说："请跟我来/请这边走。"引领客人进入餐厅时，要和客人保持1米左右的距离，将客人带到餐桌前，并征询客人的意见："您看这张餐桌可以吗？"如果客人有异议，则应重新为客人安排喜欢的餐桌。

（6）帮助客人轻轻搬开座椅，待客人落座前将座椅轻轻送回。

（7）迎宾员应将客人姓名及就餐人数等信息告知值台服务员，以便值台服务员提供有针对性的服务。与值台服务员交接后，迎宾员应迅速返回餐厅门口，记录桌号与客人人数，准备迎候下一批客人。

二、合理引位的要求

（1）一张餐桌只安排同一批客人就座。

（2）根据人数安排合适的餐桌。

（3）吵吵嚷嚷的大批客人应当安排在餐厅的包房或餐厅靠里面的地方，以免干扰其他客人。

（4）老年人或残疾人应尽可能安排在靠餐厅门口的地方，可避免多走动。

（5）年轻的情侣喜欢坐在安静及景色优美的地方。

（6）服饰漂亮的客人可以渲染餐厅的气氛，可以将其安排在餐厅中引人注目的地方。

训练指导

◎　工作思路

通过对迎宾服务基础知识的讲解和操作技能的训练，学生应了解引领客人、安排客人落座的技巧，掌握迎宾服务的程序与标准，达到能够热情、准确、熟练地迎接客人的训练要求。

◎　工作准备

（1）检查自己的仪容仪表，符合迎宾员要求。

（2）检查菜单，保证菜单干净整洁，无破损。

（3）准备好迎宾记录本、笔，引客入座后及时填写。

◎ 操作方法

按零点餐迎宾服务的方式、内容等设计模拟场景。教师先示范，然后由学生操作，教师再进行指导。操作后，学生之间相互点评，最后由教师总结。

◎ 技能训练

一、餐厅有座位时的迎宾服务

1.服务程序与标准

（1）迎接客人。客人来到餐厅时，迎宾员应面带微笑，主动上前问好。

（2）引位。

①如果客人有预订，迎宾员应热情地引领客人入座。

②如果客人没有预订，迎宾员应礼貌地将客人安排至满意的餐台。

③引领客人时，迎宾员应走在客人右前方1米处，且不时回头，把握好自己与客人的距离。

（3）拉椅让座。

①迎宾员把客人带到餐台边，并为客人拉椅让座，注意女士优先。

②迎宾员站在椅背的正后方，双手握住椅背的两侧，后退半步的同时，将椅子拉后半步；用右手做请的手势，示意客人入座。

③在客人即将坐下的时候，迎宾员双手扶住椅背的两侧，用右腿顶住椅背，手脚配合将椅子轻轻往前送，使客人不用自己挪动椅子便能恰到好处地入座。

④拉椅、送椅的动作要迅速、敏捷，力度要适中、适度。

（4）送上菜单。

①在开餐前，迎宾员应认真检查菜单，保证菜单干净整洁且无破损。

②按引领客人人数，拿取相应数量的菜单。

③当客人入座后，打开菜单的第一页，站在客人的右后侧，按先宾后主及女士优先的原则，依次将菜单送至客人手中。

（5）记录。完成上述服务后，迎宾员应与值台服务员进行交接，然后迅速回到迎宾岗位，将客人人数、到达时间、桌号等信息记录在迎宾记录表（见表2-6）上。

2.模拟对话

模拟对话内容请扫描二维码观看。

二、餐厅已满时的迎宾服务

1.服务程序与标准

（1）迎接客人。

①礼貌地告诉客人餐厅已满。

②询问客人是否可以等待，并告知大约等待的时间。

③安排客人在休息处等待，为客人服务茶水。

④与餐厅及时沟通，了解餐位变化情况，以最快的速度为客人准备好餐台。

⑤为客人送上菜单，可提前为客人点菜。

模拟对话 2-4

有座位时的
迎宾（一）

模拟对话 2-5

有座位时的
迎宾（二）

模拟对话 2-6

有座位时的
迎宾（三）

表2-6　　　　　　　　　　迎宾记录表

年　　月　　日　　星期

餐别	预订客人			非预订客人			人数总计
	人数	时间	台号	人数	时间	台号	
早餐							
午餐							
晚餐							
总计							

注：①每天统计一张。

②统计人数时可将客人进一步细分为忠诚客人、住店客人、店外客人等。

③统计时间时可进一步细分为不同的时段。

④统计台号可以掌握区域流动情况和热门餐桌。

（2）引位。

①尽快将客人安排至满意的餐台。

②引领客人时，迎宾员应走在客人右前方1米处，且不时回头，把握好自己与客人的距离。

（3）拉椅让座。拉椅让座服务程序与标准见"餐厅有座位时的迎宾服务。"

（4）送上菜单。送上菜单服务程序与标准见"餐厅有座位时的迎宾服务"。

（5）记录。记录的要求同"餐厅有座位时的迎宾服务"。

2.模拟对话

模拟对话内容请扫描二维码观看。

模拟对话2-7

座位已满时的
迎宾

情景案例2-5

餐厅迎宾员
小林

工作要点2-3

（1）当贵宾前来就餐时，餐厅经理（领班）应在餐厅门口迎候。

（2）当迎宾员引领客人进入餐厅而造成门口无人时，餐厅领班应及时补位，以确保客人前来就餐时有人迎候。

（3）当客人前来就餐而餐厅已满座时，应请客人在休息处等候，并表示歉意。待餐厅有空位时应立即安排客人入座，也可以将客人介绍至酒店的其他餐厅就餐。

（4）迎宾员在安排餐桌时，应注意平衡不同服务区域内客人的数量，以免有的值台服务员过于忙碌，有的值台服务员却无事可做，从而影响餐厅的服务质量。

（5）如果遇到带儿童的客人前来就餐，迎宾员应协助值台服务员送上儿童座椅。

（6）如果遇到客人来餐厅门口问询，如问路等，迎宾员也应热情地帮助客人，尽量满足客人的要求。

学习评价与记录

一、学习评价

根据本工作任务所学内容，按照表2-7进行学习评价。

表2-7　　　　　　　　　　迎宾服务工作学习评价表

考核项目	考核要点		配分	得分
知识掌握	热情迎宾的要求		10分	
	合理引位的要求		10分	
	餐厅迎宾服务的程序与标准		10分	
技能操作	热情迎宾模拟训练	面带微笑，精神饱满	10分	
		礼貌问候，用语规范	10分	
		举止优雅，灵活应变	10分	
	合理安排座位模拟训练	将客人安排在餐厅的不同服务区域	10分	
		准备充分，有条不紊	10分	
		座位安排满足客人需求	5分	
素质养成	积极主动的服务意识		5分	
	认真负责的工作态度		5分	
	爱岗敬业的职业精神		5分	
合计分数			100分	

二、学习记录

根据本工作任务所学内容，填写表2-8学习记录卡。

表2-8　　　　　　　　　　学习记录卡

工作任务		学习时间	
姓　　名		学　　号	
学习方式	个人（　　）　　小组（　　）　　小组成员：		
工作过程			
技能创新			
学习体会			

任务四　餐前服务

◎　学习目标

工作导入

正值春节，某四星级酒店的餐厅十分红火，由于人手紧缺，人力资源部临时从客房部调来五名服务员到餐厅帮忙，小李就是其中一位。由于是第一次到餐厅工作，面对前来就餐的客人，小李站在服务区域有些不知所措……

请帮助小李做好餐前对客服务工作。

要求：服务到位，操作规范。

知识储备

客人入座后的餐前服务内容包括：

（1）增减餐位。

（2）服务香巾和茶水。

（3）为客人铺餐巾。

（4）为客人撤筷套。

（5）斟倒调料。

训练指导

◎　工作思路

通过对餐前服务基础知识的讲解和操作技能的训练，学生应了解餐前服务的内容，掌握餐前服务的程序与标准，达到能够提供令客人满意的餐前服务的训练要求。

◎　工作准备

（1）准备好随时为客人添加的餐用具。

（2）准备好席间常用的调料。

◎　操作方法

按零点餐餐前服务的方式、内容等设计模拟场景。教师先讲解、示范，然后由学生操作，教师再进行指导。操作后，学生之间相互点评，最后由教师总结。

◎　技能训练

一、增减餐位

服务员应视客人人数的多少，对餐位进行调整，增摆不足的餐酒具或撤去多余的餐酒具。在增减餐位时均应使用托盘，并做到持握餐酒具正确和轻声操作。若有客人不习惯用筷子就餐，应提供刀、叉。若有儿童就餐，应搬来儿童座椅，并协助儿童入座。

情景案例 2-6

哈尔滨一家酒店的餐厅餐前不摆台

二、服务香巾

（1）根据客人人数从保温箱中取出香巾，并放在香巾架上，用香巾夹服务香巾。

（2）服务香巾时，站在客人右侧，按女士优先及先宾后主的原则依次送上。

（3）热香巾要抖开后放在客人手上。

（4）冷香巾直接放在客人右侧的香巾架上。

（5）客人用过香巾后，征询客人同意后方可撤下。

（6）香巾要干净无异味，热香巾一般保持在40℃。

三、服务茶水

（1）服务茶水时，应先询问客人喜欢饮用何种茶，适当介绍并告知价位。

（2）按照先宾后主的顺序为客人斟倒茶水。

（3）在客人右侧斟倒第一杯礼貌茶，以八分满为宜。

（4）为全部客人倒完茶并将茶壶添满水后，将茶壶放在转盘上，供客人自己添加。

四、铺放餐巾

（1）服务员按照女士优先及先宾后主的原则为客人铺餐巾。

（2）铺餐巾时应站在客人右侧，拿起餐巾并打开，右手在前，左手在后，将餐巾轻轻铺在客人腿上，注意不要把胳膊肘送到客人面前。在不方便的情况下（如一侧靠墙），也可以在客人左侧为客人铺餐巾，左侧服务的方法与右侧相反。

（3）如果有儿童用餐，可根据家长的要求帮助儿童铺餐巾。

五、撤筷套

（1）在客人的右侧，用右手拿起带筷套的筷子，交予左手，用右手打开筷套封口，捏住筷子的后端并取出，摆在桌面原来的位置上。

（2）每次脱下的筷套握在左手中，最后一起撤走。

六、斟倒调料

斟倒调料时，应在客人右侧进行，一般以倒至味碟 1/3 或 1/2 满为宜，并应特别注意不要将调料洒落在客人身上或餐桌上。

工作要点 2-4

（1）知晓就餐人数，随时准备增减餐具。

（2）及时为客人斟茶倒水。

（3）服务周到细致，不要远离客人。

（4）在餐前服务过程中，如果客人示意点菜，则应先接受客人点菜，再提供相应的餐前服务，确保满足客人的需要。

情景案例 2-7

餐前服务遇诈骗

学习评价与记录

一、学习评价

根据本工作任务所学内容，按照表 2-9 进行学习评价。

表 2-9　　　　　　　　餐前服务工作学习评价表

考核项目	考核要点		配分	得分
知识掌握	客人入座后的餐前服务内容		10分	
	餐前服务的基本程序与标准		10分	
技能操作	餐前服务模拟训练	按照就餐人数增减餐位	5分	
		规范服务香巾	10分	
		规范服务茶水	10分	
		规范铺放餐巾	10分	
		规范撤筷套	10分	
		规范斟倒调料	10分	
		用语规范，举止优雅，灵活应变	10分	
素质养成	积极主动的服务意识		5分	
	认真负责的工作态度		5分	
	爱岗敬业的职业精神		5分	
合计分数			100分	

二、学习记录

根据本工作任务所学内容，填写表2-10学习记录卡。

表2-10 学习记录卡

工作任务		学习时间	
姓　名		学　号	
学习方式	个人（　） 小组（　） 小组成员：		
工作过程			
技能创新			
学习体会			

任务五　　就餐服务

◎ **学习目标**

1.知识目标
- 了解点菜和点酒水服务要求。
- 掌握上菜和上酒水服务要求。
- 掌握席间服务要求。

2.能力目标
- 能够熟练为客人提供点菜和点酒水服务。
- 能够熟练为客人提供上菜和上酒水服务。
- 能够根据客人用餐情况及时提供席间服务。

3.素养目标
- 培养学生积极主动的服务意识。
- 培养学生细致观察的职业习惯。
- 培养学生勤俭节约的工作作风。

工作导入

工作描述：随着旅游旺季的到来，某酒店也迎来了接待高峰。为了缓解高峰期的接待压力，该酒店招聘了一批新员工。针对这批新员工，餐饮部主管应如何做一份就餐服务培训方案。

工作要求：服务到位，操作规范。

知识储备

一、点菜和点酒水服务

1.点菜和点酒水服务要求

（1）客人示意点菜后，服务员应紧步上前，首先询问主人是否可以点菜，如"请问，先生/女士，可以点菜了吗?"，得到明确答复后方可开始点菜服务。

（2）提供点菜服务时，服务员应站在客人右后方，站立姿势要美观大方。

（3）有时客人会请服务员代为点菜，遇到这种情况时，服务员应慎重考虑，运用看、听、问的方法对客人进行了解，根据客人的饮食习惯、就餐人数、消费水平和口味要求等，做出合理、恰当的安排。

"看"就是看年龄、性别、态度、举止、情绪，如老年人以软质精细、容易消化的饭菜为宜，年轻人偏好焦脆、香酥和糖醋类菜点。"听"就是听口音，先判定客人的国籍、地区，然后根据客人所在地区的饮食特点推荐相应的菜点。"问"就是询问客人有什么具体要求。

在选配菜式时，对有宗教信仰的客人，要尊重其生活禁忌；对消费水平高的客人，可安排质高量少的风味菜、高档菜；对消费水平较低的客人，可安排经济实惠的浓厚味菜；招待贵宾，可安排丰盛一些的菜；对一般聚餐的客人，可安排实惠、可口的下饭菜。同时，还应考虑菜式的色、香、味、形等特点，做到所点菜中既有爆炒菜，又有扒类菜；既有带汁的菜，又有清炒的菜；荤素、干湿、贵廉搭配得当。菜点确定后，服务员应向客人陈述菜点的规格、价目，经客人同意后才能开点菜通知单入厨。

（4）有时客人会要求自己填写点菜单，当接到客人的点菜单后，服务员应过目检查。如果发现某种菜已经售完，应及时告知客人请其更换；若发现有同味或品种相同的菜式，应有礼貌地向客人解释，询问客人是否需要换菜，并推荐其他类似菜式；如果客人人数较多，所点菜肴分量不足，也应予以提醒，做到主动、热情、周到、细心。

（5）如果客人要求点菜单上没有的菜式，服务员应首先向厨师了解该菜能否做。若厨房有原料，厨师又愿意配合做，应尽量满足客人的要求；若厨房暂时没有原料，不能马上做，要向客人说明烹制时间，或请客人预订。

（6）客人点菜完毕，服务员应主动向客人介绍本餐厅经营的各种酒水饮料，必要时可根据客人所点菜肴推荐酒水饮料，同时认真记录客人所点酒水饮料的名称、种类及数量。

（7）如果需要客人使用手机扫描二维码自助点餐，服务人员也应主动热情地辅助客人。

2.点菜单的填写要求

（1）填写点菜单时应书写清楚，符合规范。点菜单上应注明用餐日期、开单时间、台号、人数、服务员签名等，见表2-11。

（2）酒水、冷菜、热菜和点心应分开填写，点菜单一式四联，收款台、厨房（酒吧）、传菜员、值台服务员各一联。送到厨房的一联应根据客人订餐情况分别送到冷菜间、热菜间和面点间，以方便厨师照单准备。

（3）如果客人所点菜品是菜单上没有的，应在点菜单上注明，以便制作和制定价格。客人对某个菜肴有任何要求，都应写在点菜单上。如果一批客人分两桌点了同样的菜，则应在点菜单上注明"双上"；如果客人有宗教信仰或食素，也应在点菜单上注明。

（4）注明上主食的时间，以便于厨师备菜和服务员上菜。

（5）填写完点菜单后，应再次核对一下，以防出现差错，然后迅速交给传菜员。

随着餐饮业不断向智能化、信息化方向发展，目前大多数餐厅使用电子点菜系统提供服务。电子点菜系统具有高效、准确的特点，有效节省了人力资源，提高了服务质量。

表 2-11   **餐厅点菜单**
                            年   月   日   NO.

台号		人数	
服务员		开单时间	

二、上菜和上酒水服务

1.上菜服务

（1）为客人点完菜后，服务员应根据具体情况掌握上菜时机。掌握客人的进餐速度及厨房制作菜肴的速度，有利于服务员为客人提供恰到好处的服务。如果客人所点菜肴需要等候一段时间，应事先告知客人大约需要等候多长时间。一般情况下，厨房已烹制好的菜肴必须在 2 分钟之内服务到桌。

（2）上菜前，应先把桌花撤走；在上需要用手拿的菜肴前，应先上洗手盅并更换香巾。

（3）服务员上最后一道菜肴时，应主动告诉客人，"您的菜已经上齐了，请慢用"或"您的菜已经上齐了，请问还需要点些什么吗"，适时做好第二次推销，然后退至值台位置。

（4）其他上菜要求详见工作项目一的"任务四 上菜服务"。

2.上酒水服务

（1）根据客人的酒水单到吧台取酒水。取酒水时应使用托盘，若客人点了需要冷藏的酒水，还要取冰桶、冰桶架，冰桶里放有冰块。

（2）检查酒水瓶是否干净，对于不干净的酒水瓶，要用布巾擦干净。

（3）瓶装的酒水必须在客人附近的工作台上打开，罐装酒水应在客人面前的托盘上操作，但不要对着客人打开罐装酒水。

（4）需要冷藏或加热的酒水应用口布包住瓶身，然后斟倒。如果客人点了红、白葡萄酒，应在客人面前开酒。白葡萄酒需要冷藏；红葡萄酒不需要冷藏，应放在酒架或酒篮里。

（5）斟倒酒水完毕，如果有剩余的酒水，应放在餐台的一角；如果酒水的品种和数量较多，应征求客人的意见，将酒水摆在附近的工作台上，并主动给客人添加。

（6）斟满酒水后，服务员应主动询问客人可否撤走茶具。撤茶具时，服务员应从客人右侧用托盘进行。如果客人要求保留茶具，则应满足其要求，并随时主动为客人添加茶水。有的酒店餐厅在上冷菜后撤茶具，这也是较为通行的做法。

三、席间服务

（1）勤观察，提供周到的服务，包括上菜、分菜、添加酒水饮料、撤换烟灰缸等。

（2）服务员应经常在客人餐台旁巡视，及时发现客人需要的服务并立即完成。

（3）随时与厨房联系调整出菜的速度，及时撤去餐桌上的空盘和空酒瓶，及时整理台面。

（4）如果客人的骨碟中盛了骨头或其他杂物，应及时更换干净的骨碟。无论客人的骨碟上有没有骨头和剩菜，撤盘前服务员都应征得客人的同意，有时服务员可通过手势向客人示意。

（5）点菜后30分钟，应检查客人的菜是否上齐。如果未上齐，应及时查询。如果发现有错漏现象，应马上向厨房反映，请厨房为客人补烹，尽量缩短客人的候餐时间，同时向客人道歉，请求原谅。

（6）及时处理客人在用餐过程中出现的各种问题，如调换碰脏的餐具等。

（7）客人用餐完毕，在征得客人的同意后，除了茶具、烟灰缸和有饮料的杯子外，其他餐具应当全部撤掉，以保持台面整洁。收餐具时，不能催促客人，操作时要小心谨慎，绝对不能将菜汁、汤水溅到客人身上，或者淋在台面上。

训练指导

◎ 工作思路

通过对就餐服务基础知识的讲解和操作技能的训练，学生应了解就餐服务的内容，掌握就餐服务的程序与标准，达到熟练操作、服务规范的训练要求。

◎ 工作准备

（1）准备好就餐服务的餐具，餐具卫生要达到要求。
（2）准备好席间使用的托盘、开瓶工具、香巾、香巾夹等用品。

◎ 操作方法

按零点餐客人就餐的方式、内容等设计模拟场景。教师先讲解、示范，然后由学生操作，教师再进行指导。学生可以采用角色扮演法，分组进行就餐服务模拟训练。操作后，学生之间相互点评，最后由教师总结。

◎ 技能训练

一、点菜和点酒水服务

1.服务程序与标准

（1）问候客人。

①礼貌问候客人，如"晚上好，先生，很高兴为您服务"。

②介绍自己，如"我是服务员小李"。

③征询客人是否可以点菜，如"现在可以为您点菜吗？"。

（2）介绍、推销菜肴和酒水。

①根据客人的消费需求和消费心理，向客人推销、推荐餐厅的时令菜、特色菜、畅销菜、高档菜。

②推销菜肴、酒水时应做适当的描述和解释。

③必要时对客人所点的菜量和食品搭配提出合理化建议。

④注意礼貌用语的使用，尽量使用选择性、建议性的语言，不可强迫客人接受。

（3）填写点菜单。

①为客人点菜时，应站在客人的右后侧，认真倾听客人的叙述。

②回答客人问询时，应音量适中，语气亲切。

③熟悉菜单，对客人所点菜肴、酒水应做到了如指掌。

（4）特殊服务。

①当客人所点菜肴过多或重复时，服务员应及时提醒客人。

②当客人所点菜肴菜单上没有或已售完时，服务员应积极与厨房取得联系，尽量满足客人的需要或介绍其他相似的菜肴。

③当客人所点菜肴的烹制时间较长时，服务员应主动向客人解释并告知需要等待多长时间，以调整出菜顺序。

④当客人赶时间时，服务员应主动推荐一些上桌快的菜肴。

⑤记清客人的特殊要求，尽量予以满足。

（5）确认。

①点完菜后，向客人复述一遍所点菜肴、酒水及特殊要求，请客人确认。

②感谢客人，告知客人大约需要等待的时间。

③同客人告别。

（6）下单。

①点菜单的填写要准确、迅速、工整。

②填写内容要齐全，不同类别应分开填写。

③及时将点菜单送交厨房（吧台）、收银处、传菜部。

2.模拟对话

模拟对话内容请扫描二维码观看。

模拟对话 2-8

点菜（一）

二、上菜和上酒水服务

1.服务程序与标准

（1）选择上菜口。根据客人的实际入座情况，选择好上菜口。

（2）上菜。

①在上菜口将菜肴送上餐台。

②报菜名时声音应响亮清晰。

③上特殊菜肴前应先上专用餐具和调料。

模拟对话 2-9

点菜（二）

④其他上菜要求详见工作项目一的"任务四 上菜服务"。

（3）介绍菜肴。为客人介绍菜肴时，介绍内容通常包括菜肴的原料、配料、风味特点、历史典故等。

（4）分菜服务。根据客人的需要，为客人提供分菜服务，分菜要求详见工作项目一的"任务五 分菜服务"。

2.模拟对话

模拟对话内容请扫描二维码观看。

模拟对话 2-10

上菜

三、席间服务

1.服务程序与标准

（1）上菜、分菜服务。

（2）餐桌卫生清洁。

（3）菜盘、骨碟、香巾、烟灰缸的撤换。

具体方法详见工作项目一的"任务九 撤换餐用具"。

（4）服务香烟。

使用火柴时：

①服务员左手持火柴盒，右手食指和拇指持火柴底部，由外向里将火柴头在盒侧磷面上划着。

②右手除食指、拇指以外的三个指头稍向内呈弧形，避免划燃的火苗被风吹灭或火柴棍断裂。

③在划火柴的过程中，服务员应侧身避开，待火柴完全燃烧后，再送到客人面前，为客人点烟。

④点着香烟后，摇熄或吹熄火柴，将剩余火柴棍装入火柴盒。

使用打火机时：

①使用打火机为客人点烟时，应事先对打火机的火焰进行检查。

②操作时用右手握打火机，大拇指按住打火机开关，在客人侧面将打火机打着，再从下往上移送过去，为客人点烟。

（5）服务酒水。

①随时观察客人饮酒情况，及时斟酒。

②掌握客人酒水剩余情况，及时推销，提供添酒服务。

（6）加菜的处理。

①服务员应细心观察分析，主动了解客人加菜的目的。客人提出加菜的目的一般有三个：一是菜不够吃；二是想打包带走；三是对某一道菜特别喜欢，还想再吃。

②主动介绍菜肴，帮助客人选择菜肴。

③根据客人的需要开单。

2.模拟对话

模拟对话内容请扫描二维码观看。

模拟对话 2-11

席间服务

情景案例 2-8

个性化的席间
服务

工作要点 2-5
（1）提供高效率、高质量的席间服务。
（2）善于发现客人的需求，及时提供客人所需的服务。
（3）准确掌握服务的时机与分寸，使服务恰到好处。

学习评价与记录

一、学习评价

根据本工作任务所学内容，按照表 2-12 进行学习评价。

表 2-12   就餐服务工作学习评价表

考核项目	考核要点		配分	得分
知识掌握	点菜和点酒水服务要求		5分	
	上菜和上酒水服务要求		5分	
	席间服务要求		5分	
技能操作	点菜和点酒水 服务模拟训练	面带微笑，精神饱满	5分	
		礼貌问候，用语规范	5分	
		举止优雅，灵活应变	5分	
		按照服务程序与标准，熟练为客人提供点菜和点酒水服务	10分	
	上菜和上酒水 服务模拟训练	面带微笑，精神饱满	5分	
		礼貌问候，用语规范	5分	
		举止优雅，灵活应变	5分	
		按照服务程序与标准，熟练为客人提供上菜和上酒水服务	10分	
	席间服务 模拟训练	面带微笑，精神饱满	5分	
		礼貌问候，用语规范	5分	
		举止优雅，灵活应变	5分	
		根据客人用餐情况，提供及时的席间服务	10分	
素质养成	积极主动的服务意识		2分	
	细致观察的职业习惯		3分	
	勤俭节约的工作作风		5分	
合计分数			100分	

二、学习记录

根据本工作任务所学内容，填写表2-13学习记录卡。

表2-13　　　　　　　　　　　　　学习记录卡

工作任务		学习时间	
姓　　名		学　　号	
学习方式	个人（　　） 小组（　　） 小组成员：		
工作过程			
技能创新			
学习体会			

任务六　结账服务

◎　学习目标

1.知识目标

•了解结账的种类。

•掌握结账的要求。

•掌握结账服务的程序与标准。

2.能力目标

•能够熟练操作各种结账类型。

•能够根据客人要求提供结账服务。

3.素养目标

•培养学生积极主动的服务意识。

•培养学生认真负责的工作态度。

•培养学生诚实守信的职业道德。

工作导入

工作描述：几位客人在一家酒店的中餐厅用餐，已经是晚上11点了，但客人仍没有去意，服务员心里很着急，到客人身边站了好几次，想催客人赶快结账，但一直没有说出口。最后，服务员终于忍不住对客人说："先生，能不能赶快结账，如果想继续聊天请到酒吧或咖啡厅。"

其中一位客人听了服务员的话非常生气，表示不愿离开。另一位客人看了看表，连忙劝同伴马上结账。客人没好气地让服务员把账单拿过来，看过账单，他指出有一道菜没点过，却算进了账单，请服务员去更正。服务员忙回答客人，账单肯定没错，菜已经上过了。客人们却坚持说，没点这道菜，并且非常生气地要求餐厅经理马上过来。服务员无奈，只好将餐厅经理找来。如果你是餐厅经理，将如何处理此事？服务员在结账环节犯了哪些错误？

工作要求：找到具体错误，并能够处理得当，让客人满意。

知识储备

通常来说，客人都希望在提出结账时，能立即收到账单。假如客人对餐厅的食物、服务员的工作态度都非常满意，同样也希望结账时会很顺利。如果客人因结账而等候许久，就会产生不满情绪，客人原有的对餐厅的良好印象就会被破坏殆尽。所以，在结账服务过程中，服务员要做到准确、快速。

一、结账的种类

（1）现金结账。这种结账方式适用于店外的零散客人和团队客人。

（2）支票结账。这种结账方式适用于长期包餐或举办大型宴会的企业。

（3）信用卡结账。这种结账方式适用于零散客人。

（4）签单。这种结账方式适用于住店客人、与酒店签订合同的单位、酒店高层管理人员及酒店的VIP客人等。

（5）通过第三方支付平台结账。这种结账方式具有方便快捷、安全性高等优势。目前，人们常用的第三方支付平台有云闪付、微信、支付宝等。

二、结账的要求

（1）注意结账时机。服务员不可催促客人结账，结账应由客人主动提出。

（2）注意结账对象。尤其是在散客结账时，应分清由谁付款，如果搞错了收款对象，容易造成客人对酒店的不满。

（3）注意服务态度。餐饮服务中的服务态度应始终如一，结账阶段也要体现出热情有礼的服务风范。不要在客人结账后就停止服务，马上撤台收拾，而应继续为客人端茶送水，询问客人的要求，直至客人离去。

训练指导

◎　**工作思路**

通过对结账服务基础知识的讲解和操作技能的训练，学生应了解结账的种类、要求，掌握结账的服务程序与标准，达到能够准确、熟练地为客人结账的训练要求。

◎　**工作准备**

（1）为客人上完菜后，记录好客人的消费，及时核对账单。

（2）当客人要求结账时，请客人稍候，立即去收银台取回账单。

（3）随身准备好签单用笔。

◎　**操作方法**

按零点餐客人结账时的方式、内容等设计模拟场景。教师先讲解、示范，然后由学生操作，教师再进行指导。操作后，学生之间相互点评，最后由教师总结。

◎　**技能训练**

一、服务程序与标准

1.递交账单

服务员到收款台告诉收银员台号，取回账单并核查账单台号、人数、消费额是否准确无误，然后将账单夹在账单夹内，走到客人右侧，打开账单夹，右手持账单夹上端，左手轻托账单夹下端，递至客人面前，并对客人说"这是您的账单"，同时注意不要让其他客人看到账单。

2.现金结账

（1）客人付现金时，服务员应礼貌地在餐桌旁当面点清钱款。

（2）请客人等候，将账单及现金送给收银员。

（3）核对收银员找回的零钱及账单第一联是否正确。

（4）服务员站在客人右侧，将账单第一联及所找零钱夹在结账夹内，递给客人。

（5）真诚地感谢客人。

（6）在客人确定所找钱数正确后，服务员应迅速离开客人餐桌。

3.支票结账

（1）客人用支票结账时，服务员应请客人出示身份证或工作证及联系电话，然后将账单及支票、证件同时交给收银员。

（2）收银员结账完毕，记录证件号码及联系电话。

（3）服务员将账单第一联及支票存根核对后送还给客人。

（4）真诚地感谢客人。

（5）若客人使用旅行支票结账，服务员应礼貌地告诉客人到外币兑换处兑换成现金后再结账。

4.信用卡结账

（1）如果客人使用信用卡结账，服务员应请客人稍候，并将信用卡和账单送回收银员处。

（2）收银员做好信用卡收据，服务员检查无误后，将收据、账单及信用卡夹在账单夹内，拿回餐厅。

（3）将账单、收据递给客人，请客人在账单和信用卡收据上签字，并检查签字是否与信用卡上的姓名一致。

（4）将账单第一联、信用卡收据中客人存根联及信用卡递给客人。

（5）真诚地感谢客人。

5.签单结账

（1）如果是住店客人，服务员在为客人送上账单的同时，还要为客人递上笔。

（2）礼貌地要求客人出示房卡。

（3）礼貌地示意客人写清房间号，并用楷书签名。

（4）客人签好账单后，服务员将账单重新夹在结账夹内，拿起结账夹。

（5）真诚地感谢客人。

（6）迅速将账单送交收银员，查询客人的名字与房间号是否相符。

6.云闪付、微信或支付宝结账

（1）客人使用云闪付、微信或者支付宝结账时，服务员应礼貌地请客人出示云闪付、微信或支付宝的付款码。

（2）扫描客人的付款码之后，告知客人已结账完毕。

（3）将账单递送给客人，请客人再次核对。

（4）请客人收好手机，并对客人表示感谢。

二、模拟对话

模拟对话内容请扫描二维码观看。

工作要点2-6

（1）不要急于结账，要等待客人主动提出要求。

（2）客人要求结账后，不要让客人等待过长时间。

（3）结账时要有所回避。

（4）注意语言艺术。

（5）认真留意客人是否需要打包服务。

模拟对话2-12

现金结账

模拟对话2-13

信用卡结账

情景案例2-9

签单服务

学习评价与记录

一、学习评价

根据本工作任务所学内容，按照表2-14进行学习评价。

表2-14　　　　　　　　　结账服务工作学习评价表

考核项目	考核要点		配分	得分
知识掌握	结账的种类		10分	
	结账的要求		10分	
	结账服务的程序与标准		10分	
技能操作	结账服务模拟训练	面带微笑，精神饱满	10分	
		礼貌问候，用语规范	10分	
		举止优雅，灵活应变	10分	
		按照服务程序与标准，熟练为客人提供结账服务	10分	
素质养成	积极主动的服务意识		10分	
	认真负责的工作态度		10分	
	诚实守信的职业道德		10分	
合计分数			100分	

二、学习记录

根据本工作任务所学内容，填写表2-15学习记录卡。

表2-15　　　　　　　　　　　　学习记录卡

工作任务		学习时间	
姓　　名		学　　号	
学习方式	个人（　　）　　　小组（　　）　　　小组成员：		
工作过程			
技能创新			
学习体会			

任务七 送客与收尾服务

◎ **学习目标**

1. 知识目标
• 了解送客服务要求。
• 掌握翻台服务要求。
• 掌握送客与收尾服务的程序与标准。

2. 能力目标
• 能够熟练完成送客服务。
• 能够与团队配合完成收尾服务。

3. 素养目标
• 培养学生积极主动的服务意识。
• 培养学生认真负责的工作态度。
• 培养学生勤俭节约的生活作风。

工作导入

工作描述：张先生在餐厅请几十年未遇的两位老同学吃饭。为尽地主之谊，张先生一口气点了八道菜、两份点心、一道汤、五小碟凉菜。由于故人相逢，谈得十分投机，不知不觉两个小时过去了，三人都近乎"饱和"状态。结账时，张先生眼看桌上还剩有不少好菜，不免有些可惜。作为服务员，你应如何做好送客与收尾服务，从而让客人满意？

工作要求：针对具体情况提供个性化服务。

知识储备

送客是礼貌服务的具体表现，能够体现餐饮部门对客人的欢迎、尊重和关心，是星级酒店餐饮服务中不可缺少的项目。

一、送客服务要求

在送客服务中，服务员应做到礼貌、耐心、细致、周全。送客服务的具体要求如下：

（1）客人不想离开时，千万不能催促。

（2）客人离开前，如果愿意将剩余食品打包带走，应积极为客人服务，不能轻视客人，不能给客人留下遗憾。

（3）客人结账后起身离开时，应主动为客人拉开座椅，礼貌地询问客人用餐是否满意。

（4）帮助客人穿戴外衣，提醒客人不要遗忘物品。

（5）礼貌地向客人道谢，欢迎客人再来。

（6）面带微笑地注视客人离开，或亲自送客人到餐厅门口。

（7）迎宾员应礼貌地欢送客人，欢迎客人再次光临。

（8）遇特殊天气，餐厅应有专人安排客人离店，如下雨时为没带雨具的客人打伞，帮助客人叫出租车等，直至客人安全离开。

二、翻台服务要求

翻台就是在客人离开餐厅以后，服务员收拾餐具、整理餐桌，并重新摆台的过程。翻台往往在其他客人仍在进餐的过程中进行，或者在没有餐位的客人正在等候时进行，所以翻台的文明和效率至关重要。

翻台服务的具体要求如下：

（1）翻台应及时、有序，可以按酒具、小件餐具、大件餐具的顺序进行。

（2）翻台时若发现有客人遗忘的物品，应及时交给客人或上交有关部门。

（3）翻台时应文明作业，不要损坏餐具、物品，要轻拿轻放，以免惊扰正在用餐的客人。

（4）翻台时应注意周围的环境卫生，要把有剩汤或剩菜的餐具集中起来放置，不要乱扔杂物。

（5）撤台结束后，应立即开始规范摆台，尽量减少客人的等候时间。

训练指导

◎ **工作思路**

通过对送客与收尾服务基础知识的讲解和操作技能的训练，学生应了解送客与收尾服务的要求，掌握送客与收尾服务的程序与标准，达到能够准确、熟练地提供送客与收尾服务的训练要求。

◎ **工作准备**

（1）客人用完餐后，要及时关注客人起身离店的时机。

（2）随时准备送别客人。

◎ **操作方法**

按零点餐送客与收尾服务的方式、内容等设计模拟场景。教师先讲解、示范，然后由学生操作，教师再进行指导。

◎　技能训练

一、送客服务程序与标准

1.协助客人离开座位

（1）客人起身准备离开时，上前为客人拉椅。

（2）客人起身后，提醒客人勿遗落物品。

2.向客人致谢

礼貌与客人道别，向客人表示感谢，诚恳欢迎客人再次光临。

3.送客人离开餐厅

（1）走在客人前方，将客人送至餐厅门口。

（2）当客人走出餐厅门口时，迎宾员或餐厅经理再次向客人致谢并道别。

（3）如果餐厅门口是电梯，迎宾员应帮助客人按电梯，并送客人进入电梯，目送客人离开。

（4）如果餐厅门口是行车道，迎宾员应帮助客人叫出租车，并为客人打开车门，目送客人坐车离开。

4.餐厅检查

（1）服务员送客后应立刻回到服务区域，再次检查是否有客人遗忘的物品。

（2）如果发现有客人遗忘的物品，应尽快交还客人；如果客人已经离开，应向餐厅经理汇报，并将物品交至大堂副理处。

二、翻台服务程序与标准

（1）按摆台规范对齐餐椅。

（2）将桌面上的花瓶、调味瓶和台号牌收到托盘上，暂放于服务桌。

（3）用托盘收撤桌面上的餐具，并送至洗碗房清洗。

（4）桌面清理完后，应立即更换台布；若餐桌上使用转盘，则应先取下已用过的转盘罩及转盘，然后更换台布，再摆好转盘，套上干净的转盘罩。

（5）把花瓶、调味瓶和台号牌擦干净，按摆台规范摆上桌面。

三、收尾服务程序与标准

1.减少照明

（1）营业结束，客人离开后，服务员开始餐厅的清理工作。

（2）关掉大部分的照明灯，只留适当的灯光供清场用。

2.撤器具、收布草

（1）先清理桌面，再撤走服务桌上所有的器具，送至洗碗房清洗。

（2）把布草分类清点，送往备餐间（干净的与脏的要分开）。

3.清洁护墙及地面

清洁四周护墙及地面，吸地毯。如果地毯有污迹，应通知相关部门清洗。

4.落实安全措施

（1）关闭水、电开关。

（2）除员工出入口以外，锁好所有门窗。

（3）由当值负责人做完最后的安全检查后，填写管理日志。

（4）落实各项安全防范工作，最后锁好员工出入口大门，方可离岗。

工作要点2-7

（1）提醒客人不要遗忘随身携带的物品。

（2）收撤餐具时，要分类收撤，轻拿轻放。

（3）当天的收尾工作当天完成，不要放到第二天。

德技兼修2-1   **主动提供打包服务**

北京一家五星级酒店的中餐厅内，生意非常火爆，所有餐桌都坐满了客人。其中，第八桌有三位客人，他们是某大型公司的董事长和总经理及公司宴请的重要客户张先生。董事长为尽地主之谊，表达真诚待客，一下点了六道菜、两份点心，外加四小碟冷菜和两瓶高档红酒。由于大家都比较拘谨，用餐过程还是以交流生意为主，因此三人用餐结束后，桌上还剩下不少菜，其中两个菜甚至没怎么动，总经理觉得有些可惜。

负责这个区域的服务员小丽对三位客人的服务非常周到，并且脸上始终挂着甜甜的微笑。此刻她见三位客人已有离席之意，便准备好账单，等候客人招呼。果然，总经理向她招手了。

账很快便结清，当小丽送来发票和找回的零钱时，她手里多了几个很精美的盒子，里面有若干食品袋。小丽礼貌地对客人说："剩下这些菜多可惜，请问是否需要打包？"总经理见小丽手中拿着打包盒，很高兴地对她说："你想得真周到，我也正想打包呢！"

思政元素：勤俭节约

学有所悟： "一粥一饭，当思来处不易；半丝半缕，恒念物力维艰。" 杜绝餐饮浪费是利国利民的大事，从"小餐桌"到"大社会"都必须厚植勤俭节约的理念。党的二十大报告提出，在全社会弘扬勤俭节约精神，培育时代新风新貌。餐厅服务人员有义务充当宣传大使，号召广大消费者树立正确的消费观，将反对餐饮浪费的理念落实在行动上，助力全社会形成勤俭节约的良好风尚。

情景案例2-10

如何做好收尾服务

> **学习评价与记录**

一、学习评价

根据本工作任务所学内容，按照表2-16进行学习评价。

表 2-16　　　　　　　　　　送客与收尾服务工作学习评价表

考核项目	考核要点		配分	得分
知识掌握	送客服务要求		10分	
	翻台服务要求		10分	
	送客与收尾服务的程序与标准		10分	
技能操作	送客服务模拟训练	面带微笑，精神饱满	5分	
		礼貌问候，用语规范	5分	
		举止优雅，灵活应变	5分	
		按照服务程序与标准，完成送客服务	10分	
	收尾服务模拟训练	餐用具分类整理并送至相应的房间	5分	
		按照餐前准备的要求打扫环境卫生	5分	
		关闭水、电开关、锁好门窗	5分	
素质养成	积极主动的服务意识		10分	
	认真负责的工作态度		10分	
	勤俭节约的生活作风		10分	
合计分数			100分	

二、学习记录

根据本工作任务所学内容，填写表2-17学习记录卡。

表 2-17　　　　　　　　　　　　学习记录卡

工作任务		学习时间	
姓　　名		学　　号	
学习方式	个人（　　）　　小组（　　）　　小组成员：		
工作过程			
技能创新			
学习体会			

任务八　管理日志的填写

◎ **学习目标**

1.知识目标
- 了解管理日志的内容。
- 了解使用管理日志的必要性。
- 掌握常用管理日志的形式。

2.能力目标
- 能够根据餐厅特点设计管理日志。
- 能够按程序与标准填写餐厅日报表。

3.素养目标
- 培养学生的撰写设计能力。
- 培养学生的统筹规划能力。
- 培养学生的爱岗敬业精神。

工作导入

工作描述：某酒店餐饮部举办了一个寿宴，客人提前在餐饮部预订了酒席，结账时服务员忘记给客人退押金。餐厅领班发现，忘记给客人退押金的情况最近已经出现过很多次。在结束了一天的工作之后，餐厅领班应如何填写管理日志？

工作要求：内容合理，填写规范。

知识储备

餐厅的管理日志是餐饮经营的原始资料，管理者应设计科学合理的管理日志，并装订成册，在经营过程中不断积累经验，这样有利于餐厅的发展。

一、管理日志的内容

（1）餐厅经营情况。
（2）特殊食品销售记录。
（3）客人人数。
（4）各时段平均消费金额。
（5）座位使用情况。
（6）员工情况。
（7）客人投诉情况。

（8）其他部门协调情况。

（9）卫生检查情况。

（10）培训情况。

（11）物品领用情况。

二、使用管理日志的必要性

（1）有助于管理者熟悉餐厅的经营情况。

（2）有助于管理者形成良好的管理习惯。

（3）有助于管理者开展目标管理。

（4）为餐厅进行成本管理提供第一手资料。

（5）有助于改进餐厅现存的服务管理问题。

三、常用管理日志的形式

（1）管理日志（见表2-18）。

表2-18　　　　　　　　　　管理日志

年　　月　　日　星期

项　目	具体内容
客人人数	
消费金额	
员工情况	
客人投诉情况	
卫生、安全检查情况	
特殊事件	

（2）餐厅日报表（见表2-19）。

表2-19　　　　　　　　　　餐厅日报表

餐厅名称：　　　　座位数：　　　酒店住房率：　　　年　　月　　日　星期

餐厅经营情况					员工情况						
内容	食品金额	饮品金额	其他金额	总消费金额	内容	经理	主管	领班	服务员	其他	总计
早餐					早餐						
午餐					午餐						
晚餐					晚餐						
消夜					公休/请假						
总计					总计						
备注					说明						

续表

客人情况									
内容	预订人数	散客人数	酒店住店人数	旅游团队客人人数	酒店宴请客人人数	其他用餐客人人数	人数总计	座位周转率	备注
早餐									
午餐									
晚餐									
总计									

其他情况
客人意见或投诉：
贵宾用餐情况：
酒店宴请及高级员工用餐情况：
餐厅发生的意外情况：
卫生、安全检查情况：
报修未完成项目：
报修完成情况：
其他情况：

填表人：

说明：①本表一般由餐厅领班负责填写，上报餐厅经理（或餐厅主管）。

②本表每天一报，各餐厅可根据自身情况进行设计。

③星级酒店制作本表时需要有中英文对照。

（3）流水记录（略）。

训练指导

◎　**工作思路**

通过对管理日志的填写基础知识的讲解和操作技能的训练，学生应意识到填写管理日志的必要性，了解管理日志的内容及形式，掌握填写餐厅日报表的方法，达到能够准确填写管理日志的训练要求。

◎　**工作准备**

（1）准备好餐厅日报表。

（2）准备填表用的各种资料、笔。

◎　**操作方法**

教师先讲解、示范，然后由学生操作，教师再进行指导。

◎　**技能训练**

一、资料准备

（1）迎宾记录表。

（2）餐厅每天的点菜单。

（3）宴会通知单。

二、填写

（1）对于餐厅经营情况、员工情况、客人情况，每项内容都要认真计算，然后用阿拉伯数字仔细填写。

（2）对于客人意见或投诉，应将事情的详细过程、处理结果等完整记录下来。

三、上报

将填写好的餐厅日报表上交餐厅经理（或餐厅主管）。

四、存档

复印一份作为资料存档，每月装订一次。

情景案例 2-11

工作要点 2-8

（1）填写要准确、翔实。

（2）不要流于形式，应付了事。

（3）未完成的事项要及时跟进。

遇到突发事件
时的管理日志
填写

德技兼修2-2   **培养良好的职业道德**

　　培养良好的职业道德，需要从职业认知、职业情感、职业信念、职业行为和职业习惯五个方面着手。也就是说，在不断提高职业认知的基础上，逐步培养职业情感，坚定职业信念，做出有意义的职业行为，养成良好的职业习惯，最终达到具有高尚职业道德的目的。

　　提高职业认知，就是按照职业道德的要求，深刻认识自己所从事职业的性质、地位和作用，明确服务对象、操作规程和应达到的目标，认识自己在职业活动中应该承担的责任和义务，以提高热爱本职工作的自觉性。

　　培养职业情感，就是在热爱本职工作的基础上，从高处着想、低处着手，一点一滴地培养自己对本职工作的感情，不断加深对自身职业的荣誉感和责任感。

　　坚定职业信念，就是要求不同岗位上的服务人员干一行、爱一行、专一行，在工作中出类拔萃，为实现职业理想而不懈努力。

　　职业行为是在职业认知、情感意志和信念的支配下所采取的行动。

　　经过反复实践，当良好的职业行为成为自觉的行动而习以为常的时候，就形成了职业习惯。

　　以上各个因素之间是相互联系、相互作用、相互促进的，只有发挥所有因素的作用，才能达到具有高尚职业道德的目的。

　　资料来源　佚名.餐饮行业服务员职业道德规范[EB/OL].[2020-10-19].https://www.yjbys.com/jiuyezhidao/zhiyedaode/633253.html.

　　思政元素：职业道德　职业热爱

　　学有所悟：良好的职业道德是餐厅服务人员必须具备的基本品质。概括而言，餐厅服务人员应具备的职业道德包括：热情友好，宾客至上；真诚公道，信誉第一；文明礼貌，优质服务；安全卫生，出品优良；团结协作，顾全大局；遵纪守法，廉洁奉公；培智精技，学而不厌；平等待客，一视同仁。党的二十大报告提出："实施公民道德建设工程，弘扬中华传统美德。"加强职业道德建设对于树立良好的企业形象，顺应人民群众的新期待、新要求具有十分重要的意义。餐厅服务人员应树立正确的世界观、人生观、价值观，砥砺职业操守、恪守职业本分、干好本职工作，不断提高自身职业素养，用岗位来以小见大，用奉献来报效祖国。

学习评价与记录

一、学习评价

　　根据本工作任务所学内容，按照表2-20进行学习评价。

表 2-20　　　　　　　　　管理日志填写工作学习评价表

考核项目	考核要点		配分	得分
知识掌握	管理日志的内容		10分	
	使用管理日志的必要性		10分	
	常用管理日志的形式		10分	
技能操作	设计餐厅管理日志模拟训练	格式新颖	5分	
		内容全面	5分	
	填写餐厅日报表模拟训练	资料准备齐全	10分	
		填写认真仔细	10分	
		上报高效及时	5分	
		反馈准确翔实	5分	
素质养成	撰写设计能力		10分	
	统筹规划能力		10分	
	爱岗敬业精神		10分	
合计分数			100分	

二、学习记录

根据本工作任务所学内容，填写表 2-21 学习记录卡。

表 2-21　　　　　　　　　　　　学习记录卡

工作任务		学习时间	
姓　　名		学　　号	
学习方式	个人（　　）　　小组（　　）　　小组成员：		
工作过程			
技能创新			
学习体会			

工作项目小结

本项目主要介绍了餐位预订服务、餐前准备、迎宾服务、餐前服务、就餐服务、结账服务、送客与收尾服务、管理日志的填写等内容。零点餐厅客人的人数不固定，口味需求不一，用餐时间交错，因此餐厅接待量不均衡，服务工作量大，营业时间长。餐厅服务人员在工作中要突出热情、周到、细致，做到迅速而不紊乱。

工作项目测试 ✔ ----------------------●

一、选择题

1.下列项目中不属于预订准备工作的是（　　）。

A.检查个人仪容仪表　　　　　　　　B.检查电话

C.检查电脑　　　　　　　　　　　　D.检查空调

2.下列餐前准备项目中属于环境准备的是（　　）。

A.打扫工作台　　　B.准备台布　　　C.准备餐具　　　D.准备酒水

3.老年人或残疾人应尽可能安排在餐厅（　　）的地方，可避免多走动。

A.引人注意　　　B.靠里面　　　C.门口　　　D.人多

4.下列项目中不属于结账注意事项的是（　　）。

A.注意斟倒酒水　　　　　　　　B.注意结账时机

C.注意结账对象　　　　　　　　D.注意服务态度

5.下列关于餐厅收尾工作程序与标准的说法错误的是（　　）。

A.撤掉器具　　　B.增加照明　　　C.清洁地面　　　D.落实安全措施

二、判断题

1.接受电话预订时，要求电话铃声刚响起就接听电话。　　　　　　（　　）

2.餐前短会的时间越长越好。　　　　　　　　　　　　　　　　　（　　）

3.迎宾员在开餐前应认真检查菜单，保证菜单干净且无破损。　　　（　　）

4.餐厅服务中，香巾要干净无异味，热香巾一般保持在40℃。　　（　　）

5.点菜服务时，服务员应站在客人右后方，站姿要美观大方。　　　（　　）

在线测评 2-1

选择题

在线测评 2-2

判断题

工作项目三
创新宴会服务设计

工作概述

宴会是因习俗或社交礼仪需要而举行的宴饮聚会，又称筵宴、酒会，是社交与饮食相结合的一种形式。通过参加宴会，人们不但可以获得饮食艺术的享受，而且可以促进人与人之间的交往。宴会大多在宴会厅举行，除此之外，常见的会议、自助餐、团体包餐等也属于宴会的范畴。因此，宴会服务要求服务人员熟悉相关工作的服务流程与操作标准，具有良好的服务态度和较强的敬业精神，从而为客人提供最佳的服务体验。

服务素养

发现客人有不满情绪时，应主动道歉并询问原因。

时刻留心客人的任何不便，尽可能帮助解决。

以宾客至上为服务宗旨。

服务理念

服务，是一种习惯。

服务本身就意味着责任，每个服务人员都必须把服务当成一种习惯。当为客人服务成为你工作的自觉习惯时，你就会收获一种最宝贵的东西：客人对你的肯定和支持，酒店对你的满意与重视。

任务一　中餐宴会服务

◎　**学习目标**

1.知识目标
•了解宴会及中餐宴会。
•了解宴会的特点与分类。
•掌握宴会预订的方式和程序。
•掌握宴会场地的布置要求。
•掌握宴会服务的程序与标准。
2.能力目标
•能够根据宴会特点布置宴会场地。
•能够根据宴会特点提供宴会服务。
3.素养目标
•培养学生精益求精的工匠精神。
•培养学生认真负责的工作态度。
•培养学生勇于创新的职业习惯。

工作导入

工作描述：某企业年会的晚宴预备在某五星级酒店举行，形式为中餐宴会。如果你是酒店餐饮部主管，你将如何组织员工布置宴会厅、安排菜品及酒水？晚宴当天应如何做好服务接待工作？

工作要求：能够根据客人的特点、要求及宴会规模做好接待工作。

知识储备

一、宴会及中餐宴会

宴会是为了表示欢迎、答谢、祝贺、喜庆等而举行的一种隆重的、正式的餐饮活动，如招待会、酒会、婚宴、会议等。宴会服务是一种特殊的餐饮服务形式，它不仅包括单纯的餐饮服务，而且包括为宴会活动提供的系列服务。企业、机关、社团每年都有各种会议和活动需要借助酒店提供的设施、食宿和服务来完成。宴会是最能体现酒店服务水准的产品。

中餐宴会是使用中式餐具、食用中式菜品、采用中式服务的宴会。中餐宴会反映了中华优秀传统文化的特质，就餐环境突显了浓郁的民族特色，处处体现欢乐祥和的气氛，国内的宴会多采用这种形式。

二、宴会的特点

（1）就餐人数多，消费标准高，菜点品种多。

（2）气氛隆重热烈，就餐时间长。

（3）在厅堂及台面布置方面既要舒适、干净，又要突出宴会主题。

（4）菜肴讲究色、香、味、形、器、质、名，注重用拼图及雕刻等形式烘托宴会气氛。

（5）在接待服务方面强调周到、细致，讲究礼貌礼节，重视服务技艺和服务规格。

三、宴会的分类

在线课堂3-1

宴会的种类

（1）按宴会的规格划分，有国宴、正式宴会、便宴三种。

（2）按宴会的进餐形式划分，有立式宴会和坐式宴会两种。

（3）按宴会的餐别划分，有中餐宴会、西餐宴会、冷餐宴会、团体包餐、自助餐和鸡尾酒会等。

（4）按举行宴会的时间划分，有早宴、午宴和晚宴三种。

（5）按举行宴会的目的划分，有答谢宴会、欢迎宴会、庆祝宴会等。

（6）按宴会菜点的性质、规格、标准划分，有高档宴会、普通宴会、素食宴会、清真宴会等。

四、宴会预订

宴会预订是一项具有较强专业性以及较大灵活性的工作。预订过程既是产品推销的过程，又是客源组织的过程，所以酒店应根据宴会举办者的要求积极推销，提供为保证宴会顺利举办而需要的各项服务工作。

1.宴会预订的方式

（1）当面预订。

（2）电话预订。

（3）信函预订。

（4）传真预订。

（5）中介预订。

（6）网络预订。

（7）政府指令性预订。

2.宴会预订的程序

（1）接受宴会预订。

①热情迎接。预订员应热情、礼貌地接待每一位前来预订宴会的客人。看到客人前来，应立即起身迎接，请客人入座后奉上茶水和香巾，自报姓名和职务后询问客人姓名；如果客人是电话预订，应在电话铃响三声内接听，主动问好，自报身份后询问客人姓名。在得知客人姓名后，应以姓尊称客人。

②仔细倾听。当客人讲述宴会要求时，预订员应认真倾听，不要随意打断客人的谈话；同时，应主动向客人介绍酒店的宴会设施和宴会菜单，做好推销工作，并回答客人的所有提问。

③认真记录。预订员应与客人详细讨论所有宴会细节，将客人的要求认真填入宴会预订单（见表3-1）。宴会预订单填好以后，预订员应向客人复述，请客人签名确认。如果不是当面预订，预订员应请客人在宴会举办前到酒店确认。

表3-1　　　　　　　　　　　××酒店宴会预订单

主办单位（个人）		合同类型	
联络人姓名		合同号	
联系方式		宴会日期	
出席人数		宴会地点（布置）	
消费标准		宴会开始及结束时间	
付款方式		宴会形式（类型）	
通知部门	□餐饮部　□客房部　□公关部　□前厅　□财务部　□其他部门		
备注			
确认人及确认时间			
取消（变更）记录			

预订人：　　　　　　预订日期：　　　　　　预订员：

说明：

第一，本预订单一式两份，一份为存根，另一份送相关部门确认。

第二，本预订单所列内容必须全部填写，其中"确认人及确认时间"栏在最终确认后由有关人员填写，"取消（变更）记录"栏填写取消（变更）记录的原因。

第三，随本预订单附宴会程序单和菜单各一份。

第四，其他未尽事宜可另附并在"备注"栏注明。

④礼貌道别。当客人要离开时，预订员应起身相送，礼貌地与客人道别，预祝合作顺利和愉快，并随时与客人保持联络。

（2）宴会预订的落实。

①填写宴会安排记录簿。接受预订后，预订员应将本次宴会的预订内容记录在专用的宴会安排记录簿上，按日期、时间标明宴会的性质、举办地点、人数、标准、厅堂布置要求等内容，以免宴会厅发生重复安排的问题。宴会安排记录簿一般每日一页。

②签订宴会合同书。当客人与酒店对宴会举办的所有细节都已确定后，双方就可以签订宴会合同书。宴会合同书一式两份，双方各执一份。宴会合同书一经签订，双方都必须遵守执行；如果需要变更，双方应协商解决。

③收取定金。为了保证宴会预订的落实，在签订宴会合同书后，酒店可要求宴会

举办单位或个人支付一定数量的定金。对于酒店的常客以及一些资信较佳的客人，可以灵活确定是否需要收取定金。

④建立宴会预订档案。预订员应将宴会预订单分为"待确认"和"已确认"两类存入档案或输入电脑，一般按时间顺序进行排列。对于已确认的宴会预订，预订员应填写宴会通知单，并送交与本次宴会有关的所有部门，宴会通知单的送达部门必须签收。对于待确认的宴会预订，预订员应随时与客户联络，争取早日确认预订。

⑤宴会预订的更改与取消。如果客人在宴会开始前临时提出变动，预订员应迅速填写宴会更改通知单，发送相关部门，并注明原宴会通知单的编号，写清更改的具体内容。如果客人要求取消宴会预订，预订员应询问取消预订的原因，记下取消预订的日期和要求、取消人的姓名及接受取消预订员的姓名，并为不能向客人提供服务表示遗憾，希望下次有机会合作；同时，预订员应及时填写预订取消报告，注明原宴会通知单的编号，迅速递交相关部门。宴会更改通知单和预订取消报告的送达部门也必须签收。

五、宴会场地的布置要求

宴会场地应根据宴会类别、宴会档次、客人人数、餐厅形状与环境等进行布置与装饰。

1.宴会厅场景的布置

（1）根据宴会的目的、性质和主办者的要求在厅堂上方悬挂会标，如"庆祝××公司成立"或"欢迎××代表团"等。

（2）举行隆重大型的正式宴会时，要求灯光明亮，以示辉煌；在宴会厅四周摆放盆景花草，以突出或渲染宴会隆重而热烈的气氛。

（3）国宴应突出严肃、庄重、大方的气氛，不要做过多装饰。

（4）如果是一般的婚宴或寿宴，则应在宴会厅的醒目位置（一般是主桌后的墙壁上）挂上"喜"字或"寿"字，也可根据客人的要求挂贴对联等。

（5）宴会厅内的温度应保持稳定，并与室外气温相适应。一般冬季保持在18～20℃，夏季保持在22～24℃。

（6）如果宴会上需要致辞，应在主桌右后侧设置致辞台，台面铺台布，台侧围桌裙，台面用盆景、鲜花装饰，并放两个麦克风。扩音器应由专人负责，事前要检查并试用，以防发生故障。临时拉设的电线要用地毯盖好，以防发生意外。

（7）宴会中如果安排有乐队伴奏或文艺演出，有舞台的应利用舞台，无舞台的应设计出乐队或演出需要占用的场地。

2.休息室的布置

宴会厅应设有供赴宴客人在宴会前后休憩的休息室。

休息室内应备有高级沙发、茶几，铺上高级地毯，饰有名人字画，摆放装饰性的鲜花或盆景，以体现高雅、豪华的宴会气氛。如果无休息室，应在宴会厅一角设置休息区域。

3.宴会厅台型设计

台型设计一般采取"中心第一、先右后左、高近低远"的原则。

"中心第一"是指布局时要突出主桌，将主桌放在中心位置。

"先右后左"是国际惯例，即主人右席的地位高于主人左席的地位。

"高近低远"是指按被邀请客人的身份安排座位，身份高的离主桌近，身份低的离主桌远。

具体设计时应注意以下几点：

（1）突出主桌。无论宴会桌数多少，在台型设计时都应将主桌摆放在宴会厅的醒目位置，并设有专门的工作台。一般而言，主桌应该位于面向餐厅正门的位置，可以纵观整个宴会厅。主桌上摆放的花应鲜艳突出，桌面装饰应具有较强的感染力，主桌餐具的规格应高于其他餐桌。

（2）统一规格。除主桌规格可高一些以外，宴会的其他餐桌、座椅的式样和规格应完全统一，同时做到台布铺置一条线、桌腿一条线、花瓶一条线，以体现协调、整齐、美观的设计要求。

（3）布局合理。宴会厅的餐桌、座椅必须排列整齐，餐桌之间应疏密均匀，餐桌之间的距离不应小于1.5米，餐桌与墙的距离不应小于1.2米。高档宴会餐桌之间的距离还应加宽，以方便客人出入，方便服务员席间服务。

（4）设置主席台。根据宴会的性质、规格和主办单位的要求，设置相应的主席台。同时，要特别注意客人的风俗习惯和生活禁忌。

（5）配备工作台。宴会厅还应配备足够的工作台，一般要求主桌专设一个工作台，其他餐桌每两三桌配备一个工作台，并注意餐桌与工作台的距离要适宜，以方便服务。

4.宴会厅桌位、席位安排

中餐宴会根据规格的不同，可分为小型宴会、中型宴会和大型宴会。一般来说，1~10桌为小型宴会，11~20桌为中型宴会，20桌以上为大型宴会。宴会主宾席区与来宾席区要加以区别：中型宴会主宾席区一般设一主二副，大型宴会主宾席区一般设一主四副，也可将主宾席区按西餐宴会的风格设计成一字形；来宾席区可划分为一区、二区、三区、四区等，既便于来宾入席，又便于服务员服务。

中型宴会桌位安排如图3-1所示，大型宴会桌位安排如图3-2所示。

图3-1　中型宴会桌位安排

图 3-2 大型宴会桌位安排

席位安排是指根据宾、主的身份和地位来安排每位客人的座位。在进行席位安排时，必须与宴会举办者联络，并遵循"高近低远"的原则。主桌主人位置与副桌主人位置的安排有两种方法：第一种，各副桌主人位置与主桌主人位置方向相同，如图 3-3 所示；第二种，各副桌主人位置与主桌主人位置方向相对，如图 3-4 所示。主桌主人位置一般面朝餐厅正门，或在餐厅里最醒目的位置，或在重要装饰物前面的正中位置。

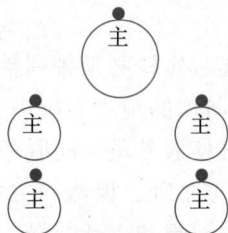

图 3-3 副桌与主桌的主人位置相同

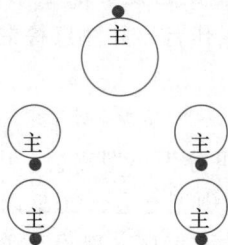

图 3-4 副桌与主桌的主人位置相对

主宾位置应安排在主人位置的右侧，以表示对主宾的尊重。副主人位置应安排在主人位置的对面，以便主人和副主人能够照顾到整个餐桌的客人。餐桌席位安排如图 3-5 所示。

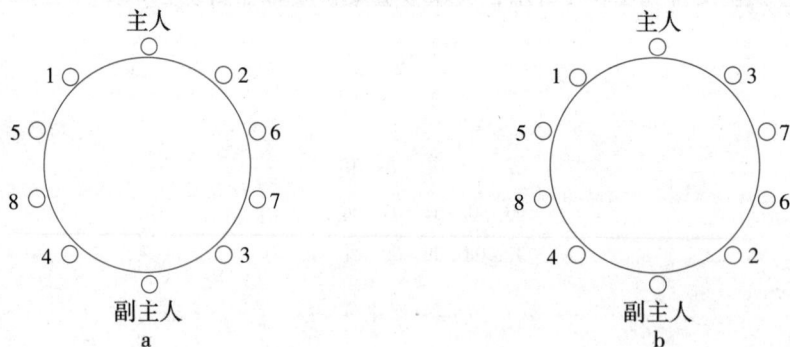

图 3-5 餐桌席位安排

　　席位安排好以后，还应根据主办者的要求填写席位卡，席位卡通常是印有店徽的长方形纸片。席位卡一般应印制，也可手写，但书写时字迹要清楚、整齐。如果是中方举办的宴会且有外国人参加，一般将中文写在上方，外文写在下方；如果是外方举办的宴会，则将外文写在上方，中文写在下方。

　　5.物品准备和餐桌布置

　　（1）物品准备。

　　①瓷器。瓷器主要有餐碟、汤勺、汤碗、味碟、筷架、茶壶、茶杯、垫盘、牙签筒、酱醋壶、椒盐盅、烟灰缸等。

　　②玻璃杯。玻璃杯主要有水杯、红酒杯、白酒杯、黄酒杯、白兰地杯、香槟杯等。

　　③金属餐具。金属餐具主要有服务叉、匙，水果刀、叉，筷子，公用勺等。

　　④棉织品。棉织品主要有台布、桌裙、餐巾、香巾、托盘垫巾等。

　　⑤其他物品。其他物品有托盘、花瓶或花盆、花泥、鲜花、宴会菜单、开瓶器、席位卡、桌号牌、筷套、牙签、火柴、热水瓶、茶叶、衣架、存衣牌等。

　　各种餐用具应准备充足，特别是餐碟、汤碗等，应根据菜点种类、数量和进餐标准多备一些，以供更换之用。在准备餐用具的过程中，还应检查餐用具有无破损，是否干净。如果餐用具有破损或不干净，则应及时更换，以确保用餐客人的安全。

　　（2）餐桌布置。布置宴会餐桌时，应注意餐桌上是否有固定的桌垫。如果没有，则应先铺设一层桌垫，再铺台布；当使用长条桌并需要用数条台布时，台布的中央折痕应从头到尾接起来，台布从桌边垂下约30厘米，但不要过长，以免影响客人就座。台布铺好后即可按照规定进行摆台，具体操作方法详见工作项目一的"任务七　中餐摆台"。

六、宴会菜单设计

　　宴会活动的中心内容是饮食，宴会设计的中心任务是菜单设计（对厨师来说即菜点设计）。因此，宴会菜单设计在整个宴会设计中占有举足轻重的地位。菜单设计的好坏，直接关系到整个宴会设计的成败。宴会菜单设计应注意以下几个要点：

　　（1）确定宴会档次、风格。

　　（2）菜点应能够突出宴会主题。

　　（3）选用原料注意科学营养，搭配协调。

　　（4）菜点成品可以展示厨师特长。

　　（5）注意菜点的色、香、味、形、器、质、名。

　　（6）掌握好菜点的数量，巧用烹调方法。

七、宴会酒水设计

　　宴会使用的酒水通常依据宴会的规格、档次和主办单位的要求来配备，但应注意酒水与宴会的搭配、酒水与菜肴的搭配、酒水与酒水的搭配要协调，并且应遵循一定的规律和饮食习惯。

1.酒水与宴会的搭配

（1）酒水的档次应与宴会的档次相称。

（2）宴会用酒最好与宴会主题相符。

（3）宴会用酒最好与季节相适应。

（4）宴会用酒应尊重主人的意见。

（5）宴会用酒应尽量使用低度酒。

2.酒水与菜肴的搭配

（1）菜为主，酒为辅。

（2）突出菜肴风味。

（3）地方菜应配地方酒，中国菜应配中国酒，特色宴会应配特色酒，西餐应配葡萄酒和香槟酒。

3.酒水与酒水的搭配

（1）低度酒在前，高度酒在后。

（2）新酒在前，陈酒在后。

（3）干型酒在前，甜型酒在后。

（4）白葡萄酒在前，红葡萄酒在后。

八、冷菜摆放

在宴会开始前15分钟左右（大型宴会为半小时）从冷菜间取出冷菜摆放好，要求传菜员与值台服务员密切配合。冷菜摆放的具体要求如下：

（1）荤素搭配合理。

（2）色调分布美观。

（3）刀口逆顺一致。

（4）盘间距离均匀。

（5）最好的冷菜摆放在主宾面前。

（6）多桌宴会时各桌的冷菜摆放应统一。

（7）使用托盘摆放冷菜，注意不要破坏冷菜的艺术造型。

（8）宴会如果使用转台，应将冷菜摆放在转台上。

（9）宴会如果采用分餐制，则应将冷菜直接摆放在每个餐位的装饰盘上，同时注意朝向。

九、宴前检查

准备好各项工作后，各岗位的服务人员及宴会厅的各级管理人员应立即进行全面的宴前检查，检查的主要内容包括：

（1）桌面餐用具检查。这主要是检查摆台是否符合规格标准，桌面餐用具是否齐全，冷菜摆放是否统一合理等。

（2）卫生检查。这主要是检查宴会厅的环境卫生、餐用具卫生、冷菜卫生等是否符合标准。

（3）设备检查。这主要是检查空调、音响、麦克风、灯具等是否正常运行。

（4）安全检查。这主要是检查宴会厅出入口是否畅通无阻，宴会厅所用桌椅是否牢固，各种灭火器材是否完备，地板有无水迹或地板接缝处是否平整等。

（5）人员检查。这主要是各岗位员工的自我检查，包括检查自己的仪容仪表是否符合要求，检查自己的服务区域及职责等是否明确。

十、宴会入场服务

一般大型宴会由于参加的人数较多，因此组织控制的最好方法是事先发放邀请卡，客人凭邀请卡入场。邀请卡可以是宴会主办单位发放的请柬，也可以是酒店协助提供的各类票、卡。不论采用什么方式，在宴会客人到达前，均要由主办单位与酒店共同确认入场凭证，并提供样本交宴会厅服务人员参考辨认。

宴会入场服务的方法有两种：

第一种，在宴会厅入口处，放置签名席，由宴会主办方派人把关，服务人员收回邀请卡并请客人签名登记。

第二种，在宴会桌上由服务人员按座位依次收回邀请卡。采用这一方法时，宴会经理应告诉服务员，如果出现个别客人没有邀请卡（如忘带）的情况该怎样处理，以免出现不必要的争执与尴尬场面。

在查看客人的邀请卡时，应使用规范的服务语言，可以说："您好，欢迎光临，这里是××单位的宴会，请把您的邀请卡交给我好吗？"查看无误后要说："噢，您就是××先生（女士），非常欢迎您的到来，请允许我带您到您的座位上去好吗？"在得到客人的肯定后，引领客人入座。如果客人拒绝，则可以说："您的座位在××桌，很高兴能够为您服务，如果您还有什么需要，请随时吩咐。"

训练指导

◎　工作思路

通过对中餐宴会服务基础知识的讲解和操作技能的训练，学生应了解宴会的分类和特点、宴会场地的布置要求等基础知识，掌握宴会服务的程序与标准，达到能够熟练进行中餐宴会服务的训练要求。

◎　工作准备

（1）了解情况。掌握宾主的国籍、身份、宗教信仰及饮食喜忌。明确主办单位、宴会举办时间、标准、人数及有无特殊要求等。

（2）准备相应数量的宴会菜单，保证宴会开始前服务人员都能够熟悉宴会的菜品数量、菜品名称、服务要求和程序，并按菜单要求备足酒水，在工作台或酒水车上摆放整齐。

（3）检查麦克风、音响等设施设备能否正常运行，准备好宴会签到用的桌、笔、纸或本。

（4）检查环境卫生。检查过道、走廊、地毯、墙壁、柱子、灯饰、窗帘、天花

在线课堂3-2

宴会的准备
工作

板、椅面等是否干净，检查装饰品、花卉等是否美观。

◎　**操作方法**

按照中餐宴会服务中可能出现的场景设计训练内容，最好到实习基地亲身体验宴会服务的全过程。教师先讲解、示范，然后由学生操作，教师再进行指导。

◎　**技能训练**

一、宴会服务程序与标准

1.迎接及引领服务

（1）热情迎宾。迎宾员看到客人前来，应面带微笑，热情欢迎客人，并用敬语问候，同时应问清客人是否是本次宴会的出席者。

（2）接挂衣帽。迎宾员应主动接拿客人的衣帽并妥善挂放，同时递给客人存衣牌，请客人妥善保管。大中型宴会应专设衣帽间，由专职服务员负责此项工作；小型宴会可由迎宾员兼做此项工作。贵宾衣帽的存放一般不用存衣牌，所以应记住贵宾及其衣帽的特征，并将其衣帽挂放在较显眼的位置，以便取递。

（3）休息室服务。如果备有休息室，则应引领客人进入休息室入座，休息室服务员按主办者的要求送上茶水或其他饮料，递上香巾。上茶和香巾时，应按先主宾、后其他来宾的顺序依次进行。如果无休息室，则可直接将客人引入宴会厅，值台服务员在餐桌上为客人提供茶水、香巾服务，从主宾开始按顺时针方向依次进行。

（4）拉椅让座。当客人已到齐或宴会时间已到时，休息室服务员应在征得主人同意后，将客人从休息室引入宴会厅，并与值台服务员一起主动拉开座椅，请客人坐稳、坐好。此时也应按先主宾、后其他来宾的顺序进行服务。

2.餐前服务

（1）铺餐巾。客人入座完毕，服务员应从主宾开始，按顺时针方向依次替每位客人铺好餐巾，具体方法详见工作项目二的"任务四　餐前服务"。

（2）撤筷套。在铺餐巾的同时，服务员应为客人撤去筷套，具体方法详见工作项目二的"任务四　餐前服务"。

（3）撤插花、桌号牌、席位卡。服务员应及时将餐桌上的插花、桌号牌、席位卡撤走，放至附近的工作台。如果是高档宴会，每道菜点均是分食，则可保留插花。如果客人临时提出增、减人数，则应及时用托盘补充或撤去餐酒用具，及时通知厨房客人人数的变化以调整菜点的数量，同时应通知收款台以便准确结账。

3.斟酒服务

（1）大中型宴会应在宴会开始前10分钟左右斟好预备酒，小型宴会可在宴会开始后斟倒。

（2）斟酒时应先斟葡萄酒或黄酒，再斟烈酒，最后斟倒啤酒及软饮料。

（3）如果客人不喝某种酒水，则应及时撤走相应的酒杯。

（4）如果客人需要用冰块，则应将冰块及时提供给客人。

（5）其他斟酒服务要求详见工作项目一的"任务三　斟酒服务"。

斟酒完毕，如果餐桌上有茶杯，应征得客人同意后再撤走；如果客人需要保留茶杯，应随时为客人添加茶水。

4.上菜服务

上菜服务的具体方法详见工作项目一的"任务四　上菜服务"。

5.分菜服务

用餐标准较高或客人身份较高的宴会上，每道菜肴均需要分派给客人；一般宴会视情况分菜。具体方法详见工作项目一的"任务五　分菜服务"。

6.席间服务

（1）撤换餐碟。高档宴会要求每吃完一道菜后都应撤换餐碟，一般宴会不少于3次。在客人用餐过程中，当发现客人餐碟中的骨、壳、刺等杂物超过1/3时，应及时撤换。撤换餐碟时，也应从主宾开始，按顺时针方向进行，具体方法详见工作项目一的"任务九　撤换餐用具"。

（2）香巾服务。宴会中的香巾服务一般不少于4次，一次是在客人刚到达宴会厅时提供，一次是在喝完汤羹后提供，一次是在吃完海鲜类菜肴后提供，一次是在吃完水果后提供。

提供香巾服务时，服务员应将干净的香巾叠好后放在香巾盘中，装入托盘，用香巾夹将香巾夹放在客人右侧的香巾架上。

（3）酒水服务。在客人用餐过程中，服务员应根据客人的酒水饮用情况随时提供斟酒服务。当客人杯中酒水不足半杯时或干杯后，应及时斟倒。具体服务方法详见工作项目四的"任务一　酒水服务"。

（4）桌面整理。桌面上如果有空的菜盘，应随时撤走；如果有菜肴洒落在餐桌或转台上，服务员也应及时清理，但注意不要用手直接拿取，而应用服务叉、匙夹取后放在空的餐碟上，再撤至工作台；如果客人不慎碰翻酒杯，应迅速扶起酒杯，移开餐具，然后将干净的餐巾铺在有酒渍的台布上，摆好餐酒具后重新斟酒，但斟酒前应检查酒杯有无破损，如果有则应及时更换，并清理掉桌上、椅上和地面上的碎块，以确保安全。

（5）洗手盅服务。在上了需要用手剥食的菜肴（如虾、蟹等）后，应及时提供洗手盅，盅内盛装温茶水（约七分满），并对客人说："请用洗手盅。"同时为客人更换一次香巾。

（6）撤换烟灰缸。当发现烟灰缸内有2个以上烟蒂时，服务员应立即为客人撤换，具体方法详见工作项目一的"任务九　撤换餐用具"。

7.送客服务

（1）拉椅送客。当宴会主办者宣布宴会结束时，服务员应主动为客人拉椅，以便客人起身离座；提醒客人不要遗忘物品，并礼貌道别。对于大型宴会，各岗位的服务员应列队送客。

（2）取递衣帽。客人离开餐厅时，衣帽间服务员或迎宾员应凭存衣牌为客人取递衣帽，必要时协助穿戴。迎宾员应再次感谢客人的光临，并礼貌道别。

8.宴会结束工作

（1）检查。客人离开后，服务员应及时检查有无尚未熄灭的烟蒂，若有应立即熄灭；检查桌面、座椅旁等处有无客人遗落的物品，若有应及时归还客人或交上级处理。

（2）收台。首先将从吧台领取的、尚未开瓶的酒水退还吧台，并办理相应的领退手续；其次按正确的次序分类收台，将餐酒用具撤至洗碗间清洗消毒。

（3）清理。清理工作包括：清理宴会厅和休息室；清洁四周护墙及地面；吸地毯，若有污迹，应通知相关部门清洗；将餐桌、座椅摆放整齐；关闭电源和门窗。

（4）填写管理日志。当值负责人做完最后的安全检查后，填写管理日志。

9.结账服务

（1）汇总账单。宴会结束后，服务员应清点客人已消费酒水、香烟等的种类与数量，汇总本次宴会的各项费用，如餐费、酒水费、司机的工作餐费等，并报至收款台。

（2）要求客人结账。服务员应根据宴会通知单上注明的付款方式要求客人结账，一般由宴会主办单位的经办人结账。结账时应向客人解释各项费用的由来，若客人有疑问，服务员应耐心解答。结账服务的具体方法详见工作项目二的"任务六　结账服务"。

二、模拟对话

模拟对话内容请扫描二维码观看。

模拟对话 3-1
宴会预订

模拟对话 3-2
宴会入场与服务

情景案例 3-1
晚宴接待计划的制订

工作要点 3-1

（1）宴会服务需要的服务员人数较多，在服务前应注意充分了解和熟悉宴会菜单，以免发生上错菜、漏菜等问题。

（2）在宴会服务过程中应时刻注意保持服务通道的通畅，以免发生意外。

（3）宴会服务应注意整体服务协调一致，有条不紊，忙而不乱。

（4）宴会服务应注意为特殊客人提供特殊服务。例如，若有穆斯林客人，应为其专门烹制菜肴。

德技兼修 3-1　　　　　　　　**工匠精神显担当　优质服务促发展**

张龙是中国旅游集团所属广安门维景国际大酒店中餐厅主管。"付出就会有回报"这句话是张龙的人生信条。为了提高中餐宴会摆台水平，他严格要求自己，在日常工作中精益求精，在酒店职工技能竞赛前两周更是每天训练长达 12 个小时，折近 3 000 条餐巾，只为了比赛时在不到 5 秒内折出 1 朵漂亮的餐巾花；在餐盘里增加配重，只为了增加臂力用单手托稳 12 斤重的餐具；用小卡片在台面标记好餐具、酒杯等近 10 个尺寸的间距，只为了练就一双"火眼金睛"，并让肌肉形成固定记忆。短短的两周时间张龙瘦了 10 多斤，但他却说："男儿当自强，只要认定的事，就必须做好，做到极致。"

优秀成绩的取得，既是对张龙精湛技艺的肯定，也是他多年辛勤努力的结果，他身上这股"用心到极致"的劲儿在平时的工作中也处处可见。2019 年，张龙主动参与支援博鳌亚洲论坛的保障服务工作，他秉承着自己"用心、极致"的服务准则，提前做足功课，充分了解参会各国资料及风俗习惯，给各国参会贵宾带来了"满意+惊喜"的体验，不但让宾客感受到中国礼仪之邦的魅力，而且递出了一张中旅优质服务的闪亮"金"名片。

资料来源　佚名. 工匠精神显担当　优质服务促发展——中国旅游集团第一届"星耀杯"酒店职工技能竞赛获奖选手人物事迹［EB/OL］.［2023-05-17］. http：//news.sohu.com/a/676420122_121123871.

思政元素：工匠精神　精业笃行

学有所悟：中华民族是充满智慧的民族，工匠精神是中华优秀传统文化的重要内容和宝贵财富。在当今社会，只有把工匠精神发挥得淋漓尽致，才能拥有竞争的优势，才能在复杂的环境下立于不败之地。当代大学生应传承和发扬工匠精神，立志做有理想、敢担当、能吃苦、肯奋斗的新时代好青年，让青春在全面建设社会主义现代化国家的火热实践中绽放绚丽之花。

学习评价与记录

一、学习评价

根据本工作任务所学内容，按照表3-2进行学习评价。

表3-2　　　　　　　　　　宴会服务工作学习评价表

考核项目	考核要点		配分	得分
知识掌握	宴会的特点与分类		5分	
	宴会预订的方式和程序		5分	
	宴会场地的布置要求		5分	
	宴会服务的程序与标准		5分	
技能操作	宴会场地布置模拟训练	宴会厅场景布置符合要求、新颖美观	5分	
		休息室布置符合规范	10分	
		宴会厅台型设计合理	10分	
		宴会厅桌位、席位安排符合要求	10分	
		物品准备齐全，餐桌布置规范	5分	
	宴会服务模拟训练	面带微笑，精神饱满	5分	
		礼貌问候，用语规范	5分	
		举止优雅，灵活应变	5分	
		按照服务程序与标准，熟练提供宴会服务	10分	
素质养成	精益求精的工匠精神		5分	
	认真负责的工作态度		5分	
	勇于创新的职业习惯		5分	
合计分数			100分	

二、学习记录

根据本工作任务所学内容，填写表3-3学习记录卡。

表3-3 　　　　　　　　　　　　学习记录卡

工作任务		学习时间	
姓　　名		学　　号	
学习方式	个人（　　）　　　小组（　　）　　　小组成员：		
工作过程			
技能创新			
学习体会			

任务二　会议服务

◎　学习目标

1. 知识目标

•了解会议服务涉及的内容。

•了解会议的种类。

•掌握会议场地的布置要求。

•掌握会议中间休息时的餐饮服务方式。

2. 能力目标

•能够根据会议特点布置会议场地。

•能够根据会议特点提供会议服务。

3. 素养目标

•培养学生积极主动的服务意识。

•培养学生认真负责的工作态度。

•培养学生保守秘密的职业道德。

工作导入

工作描述：某企业准备在一个五星级酒店召开新闻发布会，酒店宴会部需要提前布置好会场，并安排服务员按操作程序与标准做好会议服务。假设你是宴会部服务员，你应该做好哪些准备与服务工作？

工作要求：服务规范，符合标准。

知识储备

一、会议服务涉及的内容

酒店内的宴会厅除了可以举办酒会宴席，还可以根据企业、机关团体等的要求，举办各式会议。酒店负责提供场地、设备、会议茶点饮料及正餐服务，乃至安排住宿。会议服务涉及的内容主要包括以下方面：

（1）会议详细流程及时间表。

（2）使用酒店客房的种类及数量。

（3）客房、会议场地、餐饮及其他设施的价格。

（4）团体住宿登记管理流程。

（5）会议工作人员的安排。

（6）免费或折扣的部分。

（7）酒店商务中心的配合。

（8）公共场所的使用。

（9）会议工作间的使用。

（10）展览室的使用。

（11）会议场地的使用。

（12）餐饮服务。

（13）休息茶点服务。

（14）酒水饮料服务。

（15）会议视听设备的使用。

（16）活动付款方式。

（17）取消会议的程序。

（18）活动相关保险。

二、会议的种类

（1）学术交流会。

（2）学术研讨会。

（3）贸易洽谈会。

（4）签字仪式。

（5）时装展示会。

（6）新闻发布会。

（7）拍卖会。

（8）联谊会。

（9）茶话会。

三、会议服务的特点

（1）会议服务的规模大小不一。

（2）会议服务的内容和形式不同。

（3）会议服务的保密性强。

（4）会议服务需要工程部门的配合。

四、会议场地的布置

会议场地的布置根据会议类型及出席人数的不同而有所不同。会议桌椅的安排主要有戏院式（礼堂式）、教室式、U字形（马蹄形）、口字形、一字形（讨论会式）、鱼骨形等几种形式。

1.戏院式

（1）可在会议室里安排最多的人数，适用于各种会议。

（2）在会议室前方安排讲台或主席台，座位区不安排桌子。

（3）所有椅子都以面向讲台或主席台的方式摆放，可采用整齐排列的方式，也可以采用两侧倾斜面向讲台的 V 字形。

（4）每张椅子间保留约 5 厘米的间距，前后距离约 70 厘米。

（5）分成数个座位区时，各区域间应保留适当的行走空间。

2.教室式

（1）需要桌椅来搭配，根据场地大小及人数，先将桌子定位安排，保持适当的空间，每张桌子安排 2～3 个座位。

（2）每个座位前摆放水杯、杯垫、纸笔、桌卡、名牌、垫板、薄荷糖等用品。

（3）不同座位区之间应保留适当的行走空间。

（4）会议室前方可摆放讲台、主席桌及会议用相关器材。

3.U 字形

（1）将与会者的桌子与主席桌两端垂直相连形成 U 字形。

（2）可在桌外安排座位，或者内、外侧都安排座位。

（3）这种布置适用于小型会议，但是较浪费空间。

4.口字形

（1）与 U 字形排法相同，但是桌子相连形成口字形。只在会议桌外安排座位，内侧则形成一个方形空间。

（2）这种布置常用于较重要的国际会议或研讨会。

5.一字形

（1）将会议桌合并排列形成一字形。

（2）这种布置多用于讨论会。

6.鱼骨形

（1）在大型会议场地中可摆放主席桌，其他与会者的桌子则以主席桌为中心，将两张会议桌合并，朝远离主席桌的方向歪斜摆放（若主席桌在前方，则往会议场地后方，以一个固定的角度歪斜摆放），然后两两对称平衡摆放，放眼望去很像鱼骨形状。

（2）这种布置适用于教育培训会议场合。

五、会议服务需要使用的物品

会议服务需要使用的物品较多，主要包括：

（1）会议桌椅、桌布、桌花、桌牌、围裙、围裙夹。

（2）讲台、讲稿架、讲稿灯、各式照明灯具。

（3）白板、白板笔、白板擦。

（4）海报架、指挥棒、活动舞台及楼梯。

（5）纸、笔、资料夹。

（6）投影仪、笔记本电脑、活动屏幕、摄像机、麦克风（有线、无线）、麦克风架、音响。

（7）传真机、复印机、通信网络设备及同步翻译设备。

六、会议中间休息时的餐饮服务方式

会议期间需要的餐饮服务，除了会议期内的正餐及大型酒会服务外，还需要在每个会议场次中间的休息时间提供点心及饮品。

会议中间休息时的餐饮服务方式主要有以下两种：

1.客人自由取用

服务员依照与会人数适量安排好咖啡、茶及一些点心，供客人在会议休息时自由取用。这些点心、饮品及相关餐台、餐具都安排在会议场地的后侧空间，或场外的适当空间。餐台上应摆放保温器具、餐具、糖、奶精、各式点心夹、纸巾等。客人食用完以后，服务员应立刻将用过的餐具收回，并整理餐台。

2.服务人员以分派方式服务

有些小型会议，客人会要求服务员在会议期间以分派的方式提供餐饮服务，这种服务方式需要完全配合会议时间进行。有时会议的进程无法和预期一样，如稍有提早或延后休息，此时现场服务人员应与会议负责人充分配合，灵活处理。

此外，在会议中间休息时，服务员还应进入会场，将桌面上的水杯重新加满温水或换上新的矿泉水，以使客人的下一场会议顺利进行。

训练指导

◎ **工作思路**

通过对会议服务基础知识的讲解和操作技能的训练，学生应了解会议服务的特点、场地布置及需要使用的物品等，掌握会议服务的程序与标准，达到操作规范、技能娴熟的训练要求。

◎ **工作准备**

（1）根据会议类型，先将所需的各种用具和设备准备好。

（2）根据已确定好的台型图布置会场。

（3）布置好贵宾休息厅。

（4）布置好会议用的水吧，备齐会议用水或会议用酒。

（5）进行会议摆台（摆放纸、笔、水杯、烟灰缸、鲜花等）。

（6）调试各种设备，确保能够正常使用。

（7）会议开始前30分钟，将会议指示牌放在指定的位置上。

（8）服务员在规定位置站好，准备迎接客人。

◎ **操作方法**

按照会议服务的程序与标准进行训练。教师先讲解、示范，然后由学生操作，教师再进行指导。

◎　技能训练

一、重要会议服务程序与标准

1.会议服务

（1）根据会议类型与规格，选择合适的会议厅。

（2）根据会议形式与人数，摆放会议桌椅。

（3）根据客人的要求布置会场，如挂横幅，设签到台、主席台、讲台，准备话筒等会议设备设施，适当布置花草。

（4）准备会议所需的文具、席位卡等。

（5）准备会议期间的茶水、咖啡、点心等。

（6）服务员站在门口迎接客人。

（7）客人入座后，应及时送上茶水、香巾等，做到热情服务，并保持安静。

（8）会议开始后，服务员应退至一旁，并随时观察客人对茶水等的需求，一般20～30分钟添加一次茶水，遇到举杯祝酒时应及时送上酒杯。

（9）会议结束后，服务员应在门口送客道别，并提醒客人带好会议文件资料及随身物品。

2.会后清理

（1）仔细检查一遍会场，看是否有客人遗忘的物品。

（2）收拾会议桌，清扫会场。

（3）清洗会议用杯，分类复位。

（4）协助工程部门撤掉相关设备器材，注意轻拿轻放，防止损坏。

二、贸易洽谈会服务程序与标准

（1）贸易洽谈会一般会选用一个房间陈列展品，陈列工作由承办单位负责，但酒店应保证陈列品的安全。

（2）酒店应根据要求，准备若干个小型会议室，供客人洽谈业务；会议室应保持卫生，当双方业务人员洽谈时，服务员应及时供应茶水或咖啡，同时注意保持安静。

（3）一般来说，参加贸易洽谈会的客人对早餐、午餐的要求比较简单，但要求晚餐丰盛一些，因此一日三餐的供应重点应放在晚餐上。

（4）贸易洽谈会期间，一般会举行多次招待会或宴请，因此酒店应做好宣传促销工作，提高菜肴质量和服务质量。

三、签字仪式服务程序与标准

（1）对客人选定的多功能厅进行全面清扫后，在多功能厅的中央摆放一个长条形签字台。签字台背面的墙上最好有巨幅书画或使用长屏风，两边放绿色植物，并准备好会议音响设备。

（2）签字台应铺设优质台布，桌上放两套签字用文具（如果是两国间的签字仪式，桌上还应摆放两国国旗），并在相应的位置摆放两把座椅。

（3）在距离座椅约1米处，放置一排高低层踏脚板，以便签字双方人员站立合影。

（4）准备好祝贺用的香槟酒和香槟杯，双方完成签字后，及时用托盘送上，以便双方举杯共贺。若时间和条件允许，双方举杯庆祝后，应为客人派上一道香巾。

（5）待客人干杯后，应立刻用托盘将空杯撤回。

四、新闻发布会服务程序与标准

（1）在多功能厅内面向入口处的中央部位摆放一个长条形会议台，会议台的长短应根据举办单位出席代表的人数而定，会议台背后墙面应挂条幅，绿化布置应高雅。

（2）根据新闻发布会受邀人数，面对会议台摆放若干把椅子。

（3）由举办单位领导与代表在入口处迎宾，当客人进入休息厅时，应立即供应茶水或饮料，派送小毛巾。

（4）新闻发布会即将开始时，先请客人入座，然后举办单位代表入座。会议期间，一般只为会议台供应茶水、毛巾，但也有全面供应茶水、毛巾的情况。

（5）新闻发布会结束后，一般仍由举办单位领导与代表在出口处道谢送别。若会后设宴会招待，则服务员应将客人引领至餐厅。

五、茶话会服务程序与标准

（1）茶话会多设圆桌，客人自由入座，不排席位。

（2）根据接待单位的规定准备饮品和点心，一般只供应咖啡、红茶、绿茶、中西式点心、糖果、水果等。

（3）客人边吃边谈，服务员应随时观察客人对饮料的需求，一般半小时添加一次，全过程添加2~3次就差不多了。

（4）茶话会中期和临近结束时，应各派送一次香巾。

（5）茶话会的迎宾和送客一般都由接待单位代表负责。

工作要点3-2

（1）会议服务所需用品复杂多样，应做好充足的准备。

（2）客人到达时，应做好客人的引位工作。

（3）准备好饮品，及时为客人添加。

（4）做好会议客人的用餐服务工作。

情景案例3-2

如此会议服务

学习评价与记录

一、学习评价

根据本工作任务所学内容，按照表3-4进行学习评价。

表 3-4　　　　　　　　　　会议服务工作学习评价表

考核项目	考核要点		配分	得分
知识掌握	会议服务涉及的内容		5分	
	会议的种类		5分	
	会议场地的布置要求		5分	
	会议中间休息时的餐饮服务方式		5分	
技能操作	会议场地布置模拟训练	会议场地整洁美观	5分	
		会议使用的物品齐全	10分	
		会议桌椅摆放合理	10分	
	重要会议服务模拟训练	面带微笑，精神饱满	10分	
		礼貌问候，用语规范	10分	
		举止优雅，灵活应变	10分	
		按照服务程序与标准，熟练提供重要会议服务	10分	
素质养成	积极主动的服务意识		5分	
	认真负责的工作态度		5分	
	保守秘密的职业道德		5分	
合计分数			100分	

二、学习记录

根据本工作任务所学内容，填写表 3-5 学习记录卡。

表 3-5　　　　　　　　　　学习记录卡

工作任务		学习时间	
姓名		学号	
学习方式	个人（　）	小组（　）　　小组成员：	
工作过程			
技能创新			
学习体会			

$$\boxed{任务三} \quad 自助餐服务$$

◎ **学习目标**

1.知识目标
• 了解自助餐的由来。
• 掌握自助餐的特点与服务方式。
• 了解自助餐设计应考虑的因素。
• 掌握自助餐餐台及餐桌布置要求。
• 掌握自助餐服务员的工作任务。

2.能力目标
• 能够根据自助餐的特点设计与布置餐桌。
• 能够根据自助餐的特点提供自助餐服务。

3.素养目标
• 培养学生积极主动的服务意识。
• 培养学生认真负责的工作态度。
• 培养学生爱岗敬业的职业精神。

工作导入

工作描述：新年即将来临，某酒店准备举行客户答谢会，答谢会采用自助餐的形式。作为餐厅经理，你将如何做好餐厅布置并指导服务员按自助餐服务的程序与标准做好服务？

工作要求：根据客人的特点布置餐厅，服务规范。

知识储备

一、自助餐的由来

自助餐的英文为"buffet"，本义是冷餐会、酒会。据说，自助餐起源于公元8世纪至11世纪北欧的斯堪的纳维亚半岛，是当时的海盗最先采用的一种进餐方式。后来人们将这种进餐方式文明化、规范化，并丰富了饮食的内容，于是形成了今天的自助餐。目前世界各地仍有许多自助餐厅以"海盗"命名，缘由如此。

20世纪80年代后期，随着我国的对外开放，自助餐被推广到我国的大众化餐饮市场。自助餐因其形式多样、菜式丰富、营养全面、价格低廉、用餐简便而深受消费者的喜爱。

二、自助餐的特点与服务方式

自助餐是一种由客人自行挑选、拿取或自烹自食的就餐形式。这种就餐形式灵活，迎合了人们的心理，正被越来越多的人所接受。此外，自助餐的收费略低于宴会，需要的服务人员少，可以在很短的时间内供应很多人用餐。

一些简单的自助餐服务，几乎就是客人的自我服务。客人进入餐厅后，在自助餐台的一端，首先拿起托盘、餐盘、刀、叉、勺等餐具，然后沿着自助餐台挑选自己喜欢的食品，最后端到餐桌上食用。这种自助餐的服务非常省事，只需要几个服务员帮助客人切分大块的烤肉和检查食品、餐具的供应就可以了。

对于较高级的自助餐，服务员应在客人到达之前摆台完毕，餐具布置同美式服务。客人到达后，首先由服务员上开胃品或汤，同时供应饮料、面包、奶油等，然后由客人自己去挑选喜欢的主菜。这种服务方式比其他服务方式更受客人欢迎，效率也非常高。

自助餐的典型布置是将客人用的托盘、餐具、餐巾等置于餐台的前端，另外单独设置一个摆放开胃品、饮料及点心的餐台，这样可以提高自助餐服务的效率并缓和客流拥挤的情况。在一些纪念性节日或其他庆祝场合，自助餐的餐台还可以布置得绚丽多彩。同时，在自助餐服务时间内，因为各种冷盘菜肴均可事先准备好，而各种热菜又是固定的菜谱，所以厨房只需要少量人手，这对餐厅的服务质量和成本控制有很大好处。

由于标准不同，自助餐的档次也相差很大。一般的自助餐厅仅提供提前烹制好的焖、烩、煮类菜肴，再配上沙拉、点心、饮料作为辅助；较高档的自助餐厅则会安排厨师为客人进行现场烹饪，以保证菜肴的火候和新鲜程度。

三、自助餐设计应考虑的因素

自助餐的设计必须让客人感到方便且能够迅速吃上饭，因此下列因素应重点考虑：

（1）就餐人数。

（2）个人收费标准。

（3）开餐的准确时间。

（4）自助餐台的位置。

（5）就餐区域的划定。

（6）食物供应数量。

（7）餐桌的数目、大小及形状。

（8）台布的材质和颜色。

（9）灯光和音乐。

（10）恰当而有吸引力的装饰。

四、自助餐的餐台及餐桌布置要求

1.餐台布置要求

（1）铺台布，设台裙。台布压缝，台裙自然下垂，能遮住桌腿，整洁美观。

（2）客用餐具分类集中，摆放整齐，客人取用方便。

（3）客人取餐的活动空间宽敞，宽度不小于2米。

（4）正式开餐前10分钟摆放各种菜点，所有菜盘不得伸出桌边。

（5）各类菜点应排列得当，注重色彩搭配，注意整洁、美观以及台面的整体协调性。

（6）每份菜点都要摆放公用叉、勺，热菜、汤类要扣保温盖，菜盘前摆放菜牌。

（7）与各种菜点搭配的调料、装饰物应与相应的菜点放在一起。

（8）成本较低的菜点、特色菜点应放在客人易取到的地方，注意及时添加各类菜点。

2.餐桌布置要求

（1）餐桌摆放与中式零点餐厅相似。

（2）餐桌之间的通道应宽敞，宽度不小于1米，对客人具有引导、疏散作用。

（3）根据餐厅提供的自助餐类型摆放餐用具。烟缸、牙签、五味架等应齐全，摆放应整齐、美观。

五、自助餐服务员的工作任务

在自助餐服务中，服务员的工作任务一般包括：

（1）像主人般服务客人。

（2）保证菜肴及餐具的供应。

（3）为客人切分烤肉。

（4）检查器具的保温性能，以保持菜肴应有的温度。

（5）若客人不慎把台布或地毯弄脏，应及时擦拭或清扫。

（6）及时收走客人用过的餐具，保持用餐环境清洁卫生。

训练指导

◎ **工作思路**

通过对自助餐服务基础知识的讲解和操作技能的训练，学生应了解自助餐的特点和服务方式、自助餐设计应考虑的因素、自助餐的餐台及餐桌布置要求、自助餐服务员的工作任务，掌握自助餐服务的程序与标准，达到能够熟练进行自助餐服务的训练要求。

◎ **工作准备**

（1）准备好餐桌、餐椅、餐具、布草、装饰与便携清洁用具，数量种类要齐全。

（2）检查餐桌、餐椅、餐具等是否干净卫生、完好无损。

（3）检查餐台陈列所需物品是否齐全。

（4）检查音乐、灯光等设施设备是否能够正常工作。

（5）整理仪容仪表，准备迎接客人。

◎　操作方法

教师先讲解，然后师生共同设计组织一次别开生面的自助餐，餐后由教师进行总结。

◎　技能训练

一、自助餐服务程序与标准

1.场所环境布置

自助餐场所的环境应根据自助餐的主题进行布置。可以将节日或纪念日，如儿童节、母亲节等作为主题；也可以利用其他形式突出主题，如地方土特产品、体育节目、文艺活动等。假如特别为某个团体而举办自助餐，也可以以其产品为主题。

2.餐台布置

（1）餐台一般用不锈钢或铜做台脚架，用木头或大理石做台面，台面上铺有与桌边平行的台布。

（2）餐台的排列要美观整齐，使客人感到舒适。餐台不可安排得太密，否则不便于客人取菜。

（3）根据餐厅的形状及大小，餐台可以摆成U形、V形、L形、C形、S形、Z形、圆形、四分之一圆形、椭圆形等多种形状，如图3-6所示。

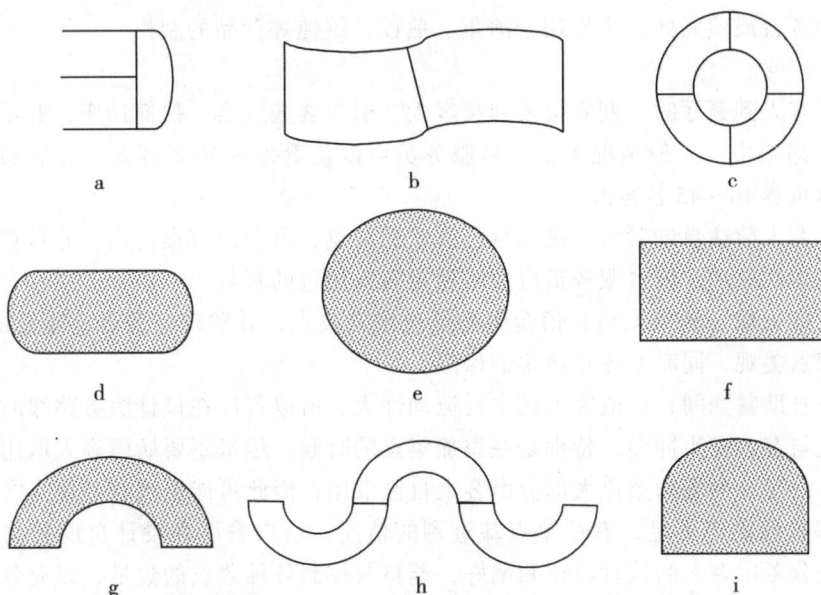

图3-6　餐台形状示例

（4）餐台上放有各种冷菜、热菜、点心、水果、饮料及餐具等。在确定餐台的大小时，应把不能吃的物品也计算进去，如空碟堆、调料罐、花饰以及客人要求摆放的其他物品（吉祥物或标注小旗等）。

（5）餐台可以拼成几座小岛，分别放置不同种类的食物。例如，可以拼出一个主菜岛和一个甜食岛，以节省空间，增强效果。桌布要长一点，能盖住桌腿，离地面大约5厘米。

（6）有时为了方便客人取用食物，也可以将其中一部分食物放到几个地方供应。

3.菜点及饮料布置

（1）菜点及饮料应按照预先的安排摆放在餐台上，摆放顺序可参考菜单。

（2）最靠近客人取餐具处摆放的是沙拉、调味品、冷盘、熏鱼、奶酪；其次是热主菜；再次是烤制食品；接下来是主食；最后是水果、点心及饮料。

（3）为了不使餐台过分拥挤，开胃品、饮料、点心可放在其他桌子上，也可服务到客人餐桌上。

（4）汤汁、调味品等应摆在相关菜肴的旁边，如沙拉旁边放蛋黄酱，火腿旁边放酸果酱等。

（5）烧熟的主菜应该是有限的，这对降低食品成本和减少厨房工作量关系重大。因此，主菜通常布置在冷菜之后，客人盛满沙拉、凉菜、开胃品之后，只得减少选择主菜的数量。

（6）布置菜肴时应注意使用加热炉保持菜肴的适宜温度，或使用冰块保持冷度。同时，服务员应注意加热炉的燃烧情况，时常更换盛冰块的盘碟。

（7）蜡烛应垂直放置，避免滴油。为防止客人发生意外事故，火锅及蜡烛的摆放位置应远离客人。

（8）如果是自助早餐，可以分为饮料区、冷菜区、热菜区、汤类点心区等。通常还设有煎煮台或煎煮区，主要用于煎蛋、煎饺、馄饨等食品的制作。

4.自助餐的服务

（1）客人到餐厅时，迎宾员要迎接客人，引领客人入席，拉椅让座，并给客人送上茶水，递毛巾。一般情况下，一名服务员可以负责25～30名客人，管酒的服务员一人可以负责40～45名客人。

（2）客人前往自助餐台，挑选自己喜欢的菜点，再拿回餐桌食用，并可根据自己的食量，多次添加。值台服务员应及时撤走客人用过的餐具。

（3）客人取一轮菜点后，值台服务员应增补菜点，并整理好餐台上零乱的菜点，以保持菜点美观，同时要注意热菜的保温。

（4）自助餐期间，一般客人较多且流动性大，所以餐厅在设计服务路线时，必须注意避免与客人发生冲突，特别是在添加菜点的时候，尽量不要妨碍客人取用。

（5）由于自助餐的菜点大部分由客人自己取用，因此可能出现有些菜点客人喜欢而取用多致使供应不足，有些菜点却过剩的情况。所以餐厅在设计自助餐菜单的时候，应充分考虑客人的饮食习惯和偏好，调整与控制各种菜点的数量，以充分满足客人的需要。

（6）自助餐期间还可能产生由于客人取用过多而造成浪费的现象，所以在自助餐服务中，值台服务员应尽量采用合理的方式提示客人注意量力而行，这样既可以节约成本，又可以减少餐后垃圾的处理量。

（7）一些自助餐厅还供应家庭少见的大块烤肉，这时应由服务员在餐桌上切分。切好的烤肉片应便于客人取用，客人不必排队等候。

（8）如果客人将菜肴掉落在服务台上，值台服务员应立刻在不妨碍客人的前提下，将掉下来的菜肴扫进空盘中，然后用湿布轻轻地擦拭污迹，再用干净的餐巾盖住污迹。如果客人把菜肴掉落在桌前的地毯上，值台服务员应立即清扫。

（9）客人用餐完毕，值台服务员应送上茶水、毛巾，并根据客人的要求结账。无论客人食用多少菜点，均按人头收取餐费（儿童可酌情减少餐费）。

（10）客人离开后，值台服务员应立即撤走客人用过的餐具，并用干净的桌布重新进行布置。

二、模拟对话

模拟对话内容请扫描二维码观看。

模拟对话 3-3

自助餐服务

工作要点3-3

（1）餐台及餐桌的布置要科学合理，既便于客人取餐和用餐，又便于服务员服务。

（2）准备充足的餐具，确保客人正常就餐。

（3）随时注意食物供应量的变化，及时添加。

情景案例 3-3

贴心的自助餐服务

学习评价与记录

一、学习评价

根据本工作任务所学内容，按照表3-6进行学习评价。

表3-6　　　　　　　　　　　自助餐服务工作学习评价表

考核项目	考核要点		配分	得分
知识掌握	自助餐的由来		5分	
	自助餐的特点与服务方式		5分	
	自助餐设计应考虑的因素		5分	
	自助餐餐台及餐桌布置要求		5分	
	自助餐服务员的工作任务		5分	
技能操作	自助餐餐台及餐桌布置模拟训练	自助餐餐台设计新颖	10分	
		自助餐餐桌布置合理	10分	
		具有实用性和可操作性	10分	
	自助餐服务模拟训练	面带微笑，精神饱满	5分	
		礼貌问候，用语规范	5分	
		举止优雅，灵活应变	10分	
		按照服务程序与标准，熟练提供自助餐服务	10分	
素质养成	积极主动的服务意识		5分	
	认真负责的工作态度		5分	
	爱岗敬业的职业精神		5分	
合计分数			100分	

二、学习记录

根据本工作任务所学内容，填写表3-7学习记录卡。

表3-7 学习记录卡

工作任务		学习时间	
姓　　名		学　号	
学习方式	个人（　） 　　小组（　）　　　小组成员：		
工作过程			
技能创新			
学习体会			

任务四　团体包餐服务

◎ **学习目标**

1.知识目标
- 了解团体包餐及其种类。
- 掌握团体包餐的特点。
- 掌握团体包餐的服务程序与标准。

2.能力目标
- 能够根据团体包餐的特点进行餐前准备。
- 能够根据团体包餐的特点提供团体包餐服务。

3.素养目标
- 培养学生积极主动的服务意识。
- 培养学生认真负责的工作态度。
- 培养学生爱岗敬业的职业精神。

工作导入

工作描述：小刘是北京某四星级酒店粤菜餐厅的预订员，星期一她接到某旅行社的电话预订，要求安排120位广东客人的晚餐，每人餐费标准是80元，其中有5人吃素，时间定在星期五晚上6点。小刘将预订人姓名、联系电话、客人人数、旅游团代号、导游员姓名、客人的特殊要求等一一记录在预订簿上。

星期五晚上6点，该旅游团没有到达。此前小刘曾与旅行社联系确认，旅行社并没有提出更改预订。6点30分，该旅游团仍无踪迹。刚巧，这天餐厅的上座率非常高。餐厅经理急忙做出决定，一方面让小刘继续与旅行社联系，另一方面允许已经到来但没有预订的散客使用部分该团预订的餐桌。经联系，该旅游团有30人因其他事由不能来用餐，还有90人用餐，其中有3人吃素。面对此种情况，如果你是餐厅经理，你将如何安排接下来的接待和服务工作？

工作要求：根据客人特点，提供有针对性的服务，让客人满意加惊喜。

知识储备

一、团体包餐

团体包餐是指因某种共同原因由主办人组织在一起的人群，按每人相同的标准同时在餐厅集体进餐的一种形式。

二、团体包餐的种类

团体包餐的种类很多，常见的有会议包餐、旅游包餐、学生包餐以及文艺团队在参加文艺演出期间的集体用餐、体育团队比赛期间的集体用餐等。

1.会议包餐

会议包餐是指因参加某个会议而在餐厅集体用餐的一种形式。它的特点是用餐标准低，以日常便餐为主。会议时间少则一两天，多则十几天，所以此类包餐的菜式品种应做到不重样或设计几份菜单循环使用。会议包餐服务时应注意以下事项：

（1）会议包餐人数多，进餐时间准确，服务员务必提前做好所有准备工作。

（2）凭票进餐的客人按共餐方式进餐时，服务员一定要等客人到齐并收齐餐券后再上菜。

（3）主食一般不限量，由客人自取。上菜速度要快，最好一次性上齐或间隔时间很短。

（4）由于有开会任务，因此会议餐一般不供应烈酒，有时晚餐提供啤酒。

（5）对病号餐、清真席要安排专门位置并有明显标志，同时指定专人负责。

2.旅游包餐

旅游包餐是指由旅行社将参加同一旅游项目的人员组织在一起，在餐厅集体用餐的一种形式。旅游团队按旅游目的可分为观光团、考察团、疗养团等；按消费水平可分为豪华团、标准团、经济团等。一个团队一般由导游、司机、游客组成，其膳食、住宿、交通、旅游活动等都由旅行社统一安排。为旅游团队服务时应注意以下问题：

（1）旅游团队的客人基本上同时到达酒店，因此在安排客人入座及开餐时，指定的服务员有时会忙不过来，这时应做好人员调配工作，提倡团队协作精神，用心照顾好每一位客人。

（2）团队客人坐下后，有时会去洗手间或要求洗手洗脸，以缓解旅途劳顿，服务员应及时为客人提示方向。对于已就座的客人，服务员应迅速送上茶水，豪华团要送上香巾。

（3）客人到达餐厅后，服务员应及时填好菜单送到厨房开餐，不可让客人久等。

（4）有酒水饮料的旅游包餐，服务员一般只负责开瓶等工作，不提供其他酒水服务。

（5）客人点了标准以外的食品饮料时需要另付现金，这一点应事先向客人解释清楚。

（6）旅游团队客人随身携带的物品较多，由于行迹匆忙，容易造成丢失，所以客人离席时，服务员应提醒客人带好随身物品。

（7）服务员应掌握本地区有关旅游、交通、购物、风土人情等方面的知识，以便回答客人的问询。

三、团体包餐的特点

1.事先预订

团体包餐不同于零点餐厅，可以随到随吃，因为其就餐人数多，就餐标准统一，所以必须事先预订，从而使餐厅和厨房有一定的准备，使餐位及食品供应得到保证，使旅游及其他活动安排不受影响。在接受预订时，预订员必须问清楚预订人的姓名、单位、联系电话等，还要掌握该团体的用餐时间、用餐标准、付款方式、就餐人数及特殊要求等情况，以利于安排餐位和制定菜单。

2.以便餐为主

团体包餐客人有明确的活动主题，进餐主要是为了满足基本生理需求，一般不追求豪华与享受，菜式品种较简单，席间也不需要过多的就餐礼仪。团体包餐一般采用合食与分食两种形式。合食是指一桌客人合吃共同的几道菜，有四菜一汤、八菜一汤等标准；分食是指客人每人一份饭菜，各自分开食用，一般是一个拼盘菜加一份汤。团体包餐客人一般不喝酒，消费标准不高，但是餐厅不能因此忽视菜肴的质量与品种，餐厅应使客人在短暂的会议活动或旅游活动期间，品尝到餐厅的特色菜及本地区的地方风味菜。

3.人多、要求多

一般会议团队或旅游团队少则几人，多则几十人甚至上百人，团队成员来自不同的地区、民族，具有不同的年龄、饮食习惯、爱好和禁忌，他们对就餐有各种各样的要求，但在会议活动或旅游活动期间，只能听从团队的安排。所以，餐厅除了要按照一般标准照顾大多数客人的需要外，还要特别注意少数客人的特殊需求，进行特别照顾。

4.用餐时间集中

不管是会议团队还是旅游团队，都是按照事先安排好的日程进行集体活动的，用餐时间也是事先确定好的。一到用餐时间，客人会集中进入餐厅。所以，餐厅的准备工作和组织工作尤为重要。

5.进餐时间短，要求服务迅速

团体包餐客人的活动时间安排较紧，进餐时间短，所以当大批客人进入餐厅急于用餐时，服务员应采取灵活快速的供餐方式，尽量缩短客人的候餐时间，使客人拥有良好的用餐体验。

训练指导

◎ 工作思路

通过对团体包餐服务基础知识的讲解和操作技能的训练，学生应了解团体包餐的种类和特点，掌握团体包餐的服务程序与标准，达到服务规范、技能娴熟的训练要求。

◎　工作准备

由于团体包餐的就餐人数较多，就餐时间短，因此餐前准备工作十分重要，否则开餐时易引起混乱。餐前准备工作具体包括以下内容：

1.确定菜单

餐厅经理和厨师应根据餐厅下达的团体订餐任务单和团体客人的就餐要求、标准，照顾大多数客人的饮食习惯，并综合考虑厨房的货源情况，共同确定团体包餐菜单。

2.了解情况

在为团体包餐客人提供服务前，服务员应准确掌握团体的就餐人数、用餐时间、用餐标准（包括是否配备酒水饮料）、抵离日期、接待规格等。除此之外，服务员还应从菜单上了解客人的口味特点、特殊需要、生活禁忌等具体情况，以便更好地为客人提供服务。

3.整理餐厅

整理餐厅时，服务员除了要做好环境、餐用具的清洁卫生工作外，还要将餐桌、餐椅排列整齐。排列餐桌、餐椅时应注意过道的畅通，要方便席间上菜和大批客人同时进出，必要时可以增设餐台，摆放免费提供的主食和酒水等。

4.准备物品

团体包餐服务应根据摆台要求和不同的服务方式准备相应的餐用具，如布草、餐具和服务用具等。

5.摆台

服务员应根据团体的人数、身份和用餐标准，按照午餐、晚餐摆台要求摆设台面。

6.整理个人仪容仪表

服务员应整理自己的仪容仪表，以饱满的精神状态迎接客人的到来。

7.全面检查

检查以上各项工作是否按要求做好。

◎　操作方法

教师先讲解、示范，然后由学生操作，教师再进行指导。最好到实习基地亲自体验一次团体包餐服务过程。

◎　技能训练

一、服务程序与标准

1.引客入座

当客人到达餐厅时，迎宾员应热情问候客人，对客人的光临表示欢迎，并询问客人的团队名称，按照事先安排的餐位准确引领客人入座。如果客人较多，应根据需要适当增加迎宾员人数，以免造成混乱。待客人全部坐下后，值台服务员应迅速为客人斟倒第一杯礼貌茶，送上餐巾纸，并视具体情况递送香巾。

2.上菜服务

客人到齐后，服务员即可通知厨房出菜。若客人席间不饮酒，则菜、饭、汤应一起上桌，或者间隔时间较短，以免出现空盘等现象。上菜时要报清菜名，上特色菜时应简单介绍其风味或食用方法。菜全部上齐后应告诉客人菜已上齐。主食一般放在盆里，供客人自取，上点心时应按品种分盘装，并放在餐桌的对角，以方便每位客人取用。如果团队凭餐券就餐并采用合食制，则应按桌点齐人数并收齐餐券后再上菜；如果团队客人采用分食制，则收一份餐券发一份食品，尽量避免少发或多发。

3.值台服务

在客人就餐过程中，服务员应勤巡视台面，及时为客人续斟茶水，对于客人的特殊要求应尽力、尽快给予满足，还应随时整理餐桌，及时撤掉客人用过的餐巾纸等，以保持餐桌整洁。

4.结账收台

（1）团体包餐费用一般由主办人统一支付，主办人可以在餐后立即付款，也可以先签单后付款。席间若有客人的要求超过用餐标准，费用由客人自付。

（2）客人离座时，服务员应及时拉椅送客，并提醒客人不要遗忘随身物品。

（3）客人离开餐厅后，服务员应迅速整理台面，并按规定摆好餐台，迎接下一批客人。

二、模拟对话

模拟对话内容请扫描二维码观看。

模拟对话 3-4

团体包餐服务

工作要点 3-4

（1）根据团体特征对餐厅进行不同的布置。例如，对于会议包餐，餐厅布置要大方、朴素；对于旅游包餐，餐厅布置要轻松、明快。

（2）随时与团体负责人联系，掌握团体准确的就餐时间。

（3）团体包餐一般应等客人到齐后再上菜。

（4）团体包餐的酒水有明确的标准。如果客人要点标准以外的酒水，服务员应礼貌地向客人解释差价现付。

（5）团体中若有外宾不会使用筷子，应及时提供刀、叉。

（6）突发事件的防范。团体包餐由于就餐时间短、人数多，一旦出现突发事件，会造成很大的影响，所以突发事件的防范是每一个服务员都应重视的问题。服务员只有具备预测和分析突发事件的能力，充分做好防范准备，才能减少或杜绝突发事件的发生。

（7）突发事件的处理。在团体包餐服务中，突发事件处理得好坏既关系到餐饮服务的质量水平和客人的满意程度，也能体现出服务员的服务能力。突发事件的偶然性要求服务员具备以下能力：

①灵活的思维能力。

②独立的处事能力。

情景案例 3-4

吃到家乡菜

③较强的应变能力。

在具备上述能力以后，服务员可以针对突发事件的性质和种类采取协调、缓和、赔偿等对策。

德技兼修 3-2　　　　　　　　　　**海底捞的创新产品和服务**

海底捞经过近三十年的发展，已经成长为国际知名的上市公司，成功打造出融各地火锅特色于一体的优质火锅品牌。"创新"是海底捞坚持的经营理念，尤其是在产品和服务方面。

1.产品创新

自2021年开始，海底捞就形成了全国一年两次上新的节奏，通过推出创新设计产品，打造餐饮消费热点，有效激活餐厅多时段运营，从而丰富顾客的用餐体验。例如，2023年"五一"假期期间，海底捞在全国门店推出了2023年春夏新品，在食材升级、口味创新、趣味性方面做足了功夫，吸引了众多顾客前去打卡。

2.服务创新

在就餐高峰时段，几乎每家海底捞门店都是类似的情形：等待区里人声鼎沸，等待就餐的顾客可自取免费的水果、饮料和零食；如果是三五个朋友一起，服务员还会主动送上扑克牌、跳棋等，或是建议女士做个免费的美甲或手机美容。待你坐定点餐时，皮筋、手机袋、围裙已经一一奉送到手边。这样的服务，只要去过一次海底捞的人就很难忘记。海底捞的服务细节还在于持续创新，比如等位时的叠星星抵饭钱活动，大大减少了玩手机的人。虽然这是一个很小的创新行为，但是海底捞把服务上升了一个等级，不再是之前的给予式服务，而是在引导顾客！

资料来源　云端森渺. 从海底捞看服务体验创新［EB/OL］.［2017-12-29］. https://www.toutiao.com/article/6504986696688337421；佚名. 海底捞创新产品和服务　打造优质、趣味的就餐场景［EB/OL］.［2023-05-12］. https://news.pedaily.cn/20230512/57761.shtml.

思政元素：创新意识

学有所悟：党的二十大报告指出，"必须坚持守正创新""创新才能把握时代、引领时代""培育创新文化""营造创新氛围"。餐饮企业必须苦练产品研发、品质把控、服务提升和门店运营等"内功"，同时拥抱"餐饮数字化、数智化"趋势，围绕顾客需求不断创新产品和服务，这样才能实现稳健发展。

学习评价与记录

一、学习评价

根据本工作任务所学内容，按照表3-8进行学习评价。

表 3-8　　　　　　　　　　　团体包餐服务工作学习评价表

考核项目	考核要点		配分	得分
知识掌握	团体包餐及其种类		5分	
	团体包餐的特点		5分	
	团体包餐的服务程序与标准		5分	
技能操作	团体包餐餐前准备模拟训练	熟悉客人情况，菜单确定	10分	
		餐厅布置整洁美观，物品准备齐全	10分	
		服务员具有良好的仪容仪表	5分	
	团体包餐服务模拟训练	面带微笑，精神饱满	10分	
		礼貌问候，用语规范	10分	
		举止优雅，灵活应变	10分	
		按照服务程序与标准，熟练提供团体包餐服务	15分	
素质养成	积极主动的服务意识		5分	
	认真负责的工作态度		5分	
	爱岗敬业的职业精神		5分	
合计分数			100分	

二、学习记录

根据本工作任务所学内容，填写表 3-9 学习记录卡。

表 3-9　　　　　　　　　　　　学习记录卡

工作任务		学习时间	
姓　　名		学　　号	
学习方式	个人（　　）　　　小组（　　）　　　小组成员：		
工作过程			
技能创新			
学习体会			

工作项目小结

本项目主要介绍了中餐宴会服务、会议服务、自助餐服务、团体包餐服务内容。在餐厅日常经营的服务项目中，宴会服务是最常见的一种餐饮服务方式，由于其规格高、影响大、服务讲究、利润颇丰，历来受到餐厅经营者的重视。一个高标准的宴会，在一定程度上体现了一个餐厅经营、管理、服务的最高水平。因此，增强宴会服务创新设计与管理，对提高酒店接待服务水平、经济效益和社会效益具有十分重要的意义。

工作项目测试

一、选择题

1.下列宴会不属于按照举行目的划分的是（　　）。

A.答谢宴会　　　　　B.立式宴会　　　　　C.庆祝宴会　　　　　D.欢迎宴会

2.宴会台型设计一般采取"（　　）第一、先右后左、高近低远"的原则。

A.主宾　　　　　B.主人　　　　　C.中心　　　　　D.副主人

3.下列关于会议服务特点的阐述正确的是（　　）。

A.会议服务的规模相同　　　　　B.会议服务的内容相同

C.会议服务不需要工程部门配合　　　　　D.会议服务的保密性强

4.在布置自助餐的餐台及餐桌时，客人取餐的活动空间必须宽敞，宽度应不小于（　　）米。

A.1　　　　　B.2　　　　　C.0.5　　　　　D.0.8

5.下列关于团体包餐特点的说法错误是（　　）。

A.无须预订　　　　　B.以便餐为主

C.人多、要求多　　　　　D.用餐时间集中，进餐时间短

二、判断题

1.宴会是为了表示欢迎、答谢、祝贺、喜庆等而举行的一种隆重的、正式的餐饮活动。　　　　　（　　）

2.宴会场地应根据宴会类别、宴会档次、客人人数、餐厅形状与环境等进行布置与装饰。　　　　　（　　）

3.会议场地的布置依据会议方式及出席人数的不同而有所不同。　　　　　（　　）

4.自助餐是一种由客人自行挑选、拿取或自烹自食的就餐形式。　　　　　（　　）

5.团体包餐客人追求豪华与享受，菜式品种复杂。　　　　　（　　）

在线测评3-1
选择题

在线测评3-2
判断题

工作项目四
拓展餐厅服务技能

工作概述

餐厅其他服务包括酒水服务、西餐服务、客房送餐服务、菜单设计和制作、餐厅投诉事故处理等，这些工作项目是对酒店服务质量的有效补充和完善。因此，这部分服务技能也是酒店员工培训及管理中应当重视的内容。

服务素养

提供优质的服务比销售产品本身更重要。

只有提供优质的服务，才能给客人带来意想不到的惊喜。

充满爱心是提供优质服务的前提。

服务理念

服务，是一门很深的学问。

服务不但要求你用热情的微笑和真诚的态度去吸引客人，而且要求你用细致的服务和巧妙的方法去感动客人。服务是最有说服力的，是赢得客人信赖的关键。

任务一　酒水服务

◎ **学习目标**

1.知识目标
- 掌握中国酒的分类和特点。
- 了解外国酒的分类和特点。
- 了解非酒精饮料的分类和特点。
- 掌握酒水服务的程序与标准。

2.能力目标
- 能够根据客人所点酒水特点进行服务准备。
- 能够按酒水服务程序与标准提供服务。

3.素养目标
- 培养学生积极主动的服务意识。
- 培养学生认真负责的工作态度。
- 培养学生爱岗敬业的职业精神。

工作导入

　　工作描述：酒店餐饮部新招了一批员工，餐饮部决定对这批新员工进行岗前培训。请你以一名餐厅领班的身份，向新员工介绍酒水服务相关知识，并进行不同种类酒水服务操作技能的训练。

　　工作要求：内容丰富，操作规范。

知识储备

一、中国酒的分类和特点

　　我国是酒的故乡，也是酒文化的发源地，酒的酿造在我国已有相当悠久的历史。在我国数千年的文明发展史中，酒与文化的发展基本上是同步进行的。

　　1.白酒

　　白酒是我国特有的一种蒸馏酒。它是以高粱、小麦等谷物及其他含有丰富淀粉的农副产品为原料，以曲类、酒母为糖化发酵剂，经过发酵、蒸馏等工序酿制而成的高酒精含量的酒，其酒精度一般为38度至60度。

　　（1）白酒的分类。

　　①按生产原料划分，有粮食白酒、薯类白酒、代粮酒等。

②按使用的糖化发酵剂划分，有大曲酒、小曲酒、麸曲酒等。

③按生产工艺划分，有固态法白酒、半固态法白酒、液态法白酒等。

④按香型划分，有酱香型白酒（以茅台酒为代表）、浓香型白酒（以四川泸州老窖特曲为代表）、清香型白酒（以山西杏花村汾酒为代表）、米香型白酒（以桂林三花酒为代表）、其他香型（如药香型、豉香型、芝麻香型）白酒等。

⑤按酒精含量划分，有高度白酒、降度白酒（把高度白酒降低5~10度）、低度白酒。

（2）白酒的特点。白酒无色透明，质地纯净，醇香浓郁，味感丰富，饮后余香带甜。

（3）中国名优白酒简介。

①茅台酒。该酒产于贵州仁怀茅台镇，有"国酒"的美称，属酱香型，具有酒液清亮、酱香突出、酒体醇厚等特点。茅台酒香而不艳，闻之沁人心脾，入口荡气回肠，饮后回味绵长。1915年，茅台酒在巴拿马万国博览会上荣获金质奖章，被誉为"中国第一名酒"。茅台酒与法国干邑白兰地、英国苏格兰威士忌并称为"世界三大蒸馏酒"。

②五粮液酒。该酒产于四川宜宾，是以高粱、糯米、大米、玉米、小麦五种粮食为原料酿造的，属浓香型，具有酒液清澈透明、香气浓郁悠久、味醇甘甜净爽等特点。

③汾酒。该酒产于山西汾阳杏花村，是我国名酒的鼻祖，具有悠久的历史，属清香型，具有酒液清澈透明、气味芳香、入口绵、落口甜等特点，素有色、香、味"三绝"的美誉。

④泸州老窖特曲。该酒产于四川泸州，是大曲酒的典型代表，属浓香型，具有醇香浓郁、饮后尤香等特点。1915年，泸州老窖特曲在巴拿马万国博览会上荣获金质奖章。

⑤剑南春酒。该酒产于四川绵竹，属浓香型，具有芳香浓郁、醇厚绵柔、余香悠长等特点。

⑥古井贡酒。该酒产于安徽亳州，属浓香型，具有色清如水晶、香醇如幽兰、入口甘美醇和、回味经久不息等特点。古井贡酒因取古井水酿制，明清两代均为贡品，故得名。

⑦董酒。该酒产于贵州遵义，属董香型，具有酒液清澈透明、入口醇香浓郁、饮后甘爽味长等特点。

⑧洋河大曲。该酒产于江苏宿迁洋河镇，属浓香型，具有色清透明、香气浓郁、绵长尾净等特点。

⑨西凤酒。该酒产于陕西凤翔柳林镇，属清香型，具有各味谐调、酸而不涩、甜而不腻、苦而不黏、香不刺鼻、饮后回甘等特点。

⑩郎酒。该酒产于四川古蔺二郎镇，属酱香型，具有酱香突出、醇厚净爽、回味悠长等特点。

2.黄酒

黄酒又名老酒、糯米酒、米酒，是我国的民族特产。历史上，黄酒名品数不胜数。由于白酒的发展，黄酒产地逐渐缩小到江南一带，产量也大大低于白酒。但是，黄酒酿造技术的精华却没有被遗弃，在新的历史时期反而得到了长足的发展。

（1）黄酒的命名。

①以原料命名，有大米黄酒、糯米黄酒等。

②以产地命名，有浙江绍兴老酒、山东即墨老酒等。

③以酿造方法命名，有加饭酒、沉缸酒等。

（2）黄酒的特点。黄酒以黄米或稻米为主要原料，经过蒸煮、糖化、发酵、压榨等工序酿造而成。黄酒为低度酿造酒，呈金黄色或褐红色，含有糖、氨基酸、维生素等多种浸出物，营养价值高，有增进食欲的功能，还可作为烹调菜肴的调味料和药用辅料等。

（3）中国名优黄酒简介。

①绍兴加饭酒。该酒产于浙江绍兴，是我国黄酒中的佳品。加饭酒，顾名思义，即在酿酒过程中，增加了酿酒用糯米或糯米饭的投入量，相对来说，用水量较少。加饭酒是一种半干酒，糖分占0.5%～3%，具有酒液橙黄透明、香气浓郁、回味醇厚、易于久藏等特点，适当饮用还可增进食欲、帮助消化、消除疲劳。

②龙岩沉缸酒。该酒产于福建龙岩，因在酿造过程中，酒醅三浮三沉，最后沉落缸底，故得名。沉缸酒具有不加糖而甜、不着色而艳红、不调香而芬芳三大特点。酒色鲜艳透明，香气醇郁芬芳，饮后余香绵长。

3.啤酒

啤酒是以大麦、啤酒花、酵母及纯净的水等为原料，经过制麦、糖化、发酵、灭菌等工序制作而成的一种酒精饮料，具有清凉、解渴、健胃、利尿、增进食欲的功效，素有"液体面包"的美称。

（1）啤酒的种类。

①按灭菌情况划分，有熟啤酒、鲜啤酒。

②按色泽划分，有淡色啤酒、浓色啤酒。

③按原麦浓度划分，有低浓度啤酒、中浓度啤酒、高浓度啤酒。

（2）啤酒的特点。啤酒中含有较丰富的糖类、维生素、氨基酸、钾、钙、镁等营养成分，酒精含量低，适量饮用对身体健康有一定好处。啤酒既能消暑降温，又有令人爽快的苦味，深受世界各国人民的喜爱。

（3）中国名牌啤酒简介。

①青岛啤酒。该酒产于山东青岛，历史悠久，具有酒色淡黄、酒液清澈透亮、泡沫洁白细腻、口感柔和等特点。

②哈尔滨啤酒。该酒产于黑龙江哈尔滨，具有酒色淡黄、酒液清亮且有光泽、泡沫洁白细腻、口味醇正等特点。

4.果酒

果酒是以各种含糖分较高的水果为主要原料，经过发酵等工序酿制而成的一种低乙醇含量的原汁酒。在各类水果酿制的酒液中，只有以葡萄为原料酿造的酒称为葡萄酒，其他统称为果酒。

果酒的酒液大多突出原果实的色泽，美观自然，清澈透明，并带有原果实特有的香气，酸甜适口，无异味。

二、外国酒的分类和特点

1.蒸馏酒

（1）白兰地。人们习惯上把葡萄酒发酵后经蒸馏，并放在橡木桶内经过相当长的时间陈酿而制成的酒称为白兰地。白兰地呈晶莹的琥珀色，具有浓郁的芳香，味醇厚润。饮用时应用手掌暖杯，待白兰地微温且有香气散发时，先嗅后尝。

（2）威士忌。该酒主要以谷类、麦类等为原料，经过发芽、糖化、发酵、蒸馏、陈年、混配等工序制作而成，可分为苏格兰威士忌、爱尔兰威士忌、美国威士忌、加拿大威士忌等。人们在饮用威士忌时，通常会加入冰块、苏打水或矿泉水等。

（3）金酒。该酒又称杜松子酒，是世界八大烈酒之一，最早在荷兰生产，在英国大量生产后闻名于世。因此，世界上的金酒主要有两大类：一类是荷兰金酒，适宜纯饮，不宜作鸡尾酒的基酒；另一类是英国金酒，既可纯饮，又可作鸡尾酒的基酒。

（4）伏特加酒。该酒是俄罗斯最有代表性的蒸馏酒，以小麦、黑麦、大麦等为原料制作而成，无色且清淡爽口，不甜、不苦、不涩。

（5）朗姆酒。该酒产于古巴，又称糖酒，它以甘蔗汁为原料，经过发酵、蒸馏等工序制作而成。朗姆酒在原产国以纯饮为主，欧美国家常将朗姆酒作为鸡尾酒的基酒。

（6）龙舌兰酒。该酒产于墨西哥，又称特吉拉，是以热带植物龙舌兰为原料制作而成的一种蒸馏酒。

2.酿造酒

（1）红葡萄酒。该酒是用紫葡萄连皮及籽一起压榨取汁，经过自然发酵酿制而成的。红葡萄酒的发酵时间长，葡萄皮中的色素在发酵过程中溶进酒里，使酒液呈红色。由于所用的葡萄品种不同，因此酒液的色泽和味道也存在差异。酒液呈紫红色，表示酒质很新，不够成熟。酒液呈红木色，表示储存期超过10年。一般红葡萄酒陈酿4~10年味道正好。

（2）白葡萄酒。该酒主要以白葡萄为原料，有时也以紫葡萄为原料，但不管使用哪种葡萄，其皮和籽都需要除去，然后压榨取汁，经自然发酵酿制而成。白葡萄酒的发酵时间短，一般储存2~5年即可饮用。白葡萄酒在饮用前多经过冰镇，或用冰桶盛放，因为低温可以有效减少酒中鞣酸对口感的刺激。

（3）起泡酒。该酒是一种富含二氧化碳的酒种，香槟酒是最有代表性的起泡酒。香槟酒盛产于法国的香槟地区，该地区天气寒冷，葡萄只有在年末才能采摘。香槟酒的气泡洁白细腻，香气怡人，口感清爽。香槟酒是一种庆祝佳节的必用酒，也是世界上最富魅力的葡萄酒。

（4）日本清酒。该酒以精白米为主要原料，采用优质微生物和现代科学方法酿制而成，在日本享有"国酒"之誉。清酒色泽淡黄或无色，清亮透明，芳香宜人，口味醇正，绵柔爽口，酸、甜、苦、辣诸味协调，富含多种氨基酸、维生素，是一种营养丰富的饮料酒。

3.配制酒

配制酒以原汁酒或蒸馏酒为基酒，通过与酒精或非酒精物质进行勾兑、浸泡、混合等方式调制而成。配制酒的品种繁多，风格各异，一般可分为开胃酒、甜食酒和利口酒三大类。

三、非酒精饮料的分类和特点

1.茶

茶是人们普遍喜爱且有益健康的饮料，具有生津止渴、提神解乏、消脂解腻、杀菌消炎、利尿排毒、强心降压、增强体质、补充营养、预防辐射等功效。茶的主要种类如下：

（1）绿茶。绿茶冲泡后，碧绿清澈，清香芬芳，味道鲜醇，深受人们的喜爱。主要品种有西湖龙井、黄山毛峰、洞庭碧螺春等。

（2）红茶。红茶是世界上产量最多、销路最广、销量最大的茶，可单独冲饮，也可加牛奶、糖等调饮。主要品种有祁门红茶、云南红茶等。

（3）白茶。白茶是我国茶类中的特殊珍品，因成品茶满披白毫、如银似雪而得名。主要品种有白毫银针、白牡丹、寿眉、贡眉。

（4）黄茶。黄茶的主要特点是黄叶黄汤。主要品种有君山银针、蒙顶黄芽、霍山黄芽等。

（5）黑茶。黑茶是我国特有的茶类，主要品种有普洱茶、安化黑茶、青砖茶等。

（6）乌龙茶。乌龙茶也称青茶，主要品种有武夷岩茶、安溪铁观音、凤凰水仙。

（7）花茶。花茶又名香片，以茉莉花茶为上品，深受我国北方人喜爱。

2.咖啡

咖啡原产于埃塞俄比亚，是用经过烘焙磨粉的咖啡豆制作出来的饮料。咖啡含有脂肪、水分、咖啡因、纤维素、糖类、蛋白质等成分，具有振奋精神、消除疲劳、除湿利尿、帮助消化等功效。世界上著名的咖啡有蓝山咖啡、摩卡咖啡、哥伦比亚咖啡等。

3.可可

可可原产于美洲，可作饮料，亦可供药用，有强心利尿的功效。目前，酒店销售的可可饮品几乎都是用事先制作好的即溶粉末或浆状物冲调而成的。可可具有浓郁的芳香气味，可单独制成冷或热的饮品，也可调制成其他饮品。

4.矿泉水

矿泉水是从地下流出的、含有多种矿物质的泉水，具有无杂质、无污染、无添加物、营养丰富等特点。

5.牛奶

牛奶含有丰富的蛋白质、脂肪、乳糖、矿物质以及维生素，营养丰富，极易被人体吸收。酒店供应的牛奶有冷、热、酸等口味，也可制成不同的饮料。

6.鲜果汁

鲜果汁含有丰富的矿物质、维生素、糖类、蛋白质以及有机酸等物质，对人体有良好的滋补作用。常见的鲜果汁有橙汁、柠檬汁、西柚汁等。

7.碳酸饮料

碳酸饮料是在液体饮料中充入二氧化碳做成的。碳酸饮料除了可以纯饮，还可以供调酒用。

8.冷冻饮品

现在较流行的冷冻饮品有圣代、奶昔等，多见于西餐厅。

训练指导

◎ **工作思路**

通过对酒水服务基础知识的讲解和操作技能的训练，学生应了解中国酒和外国酒的分类、特点，掌握不同种类酒水的服务程序与标准，达到熟练操作、服务规范的训练要求。

◎ **工作准备**

（1）准备要服务的酒水。

（2）准备和酒水搭配的酒杯。

（3）保证酒水的最佳饮用温度。

◎ **操作方法**

选择不同种类的酒水，分别进行服务模拟训练。教师先讲解、示范，然后由学生操作，教师再进行指导。

◎ **技能训练**

一、中餐酒水服务

1.白酒的服务程序与标准

（1）准备工作。

①客人选好白酒后，服务员应立即去吧台取酒，时间不得超过5分钟。

②准备一块叠成12厘米见方的干净餐巾。

③准备和客人人数相符的白酒杯。

（2）白酒展示。在左手掌心上放一块叠成12厘米见方的餐巾，将白酒瓶底放在餐巾上，右手扶住酒瓶上端，倾斜45°，商标对着客人，为客人展示白酒。

（3）白酒服务。

①征得客人同意后，在客人面前打开白酒。

②服务时，左手持餐巾，右手持白酒瓶，按照先宾后主及女士优先的原则，从客人右侧依次为客人倒酒。

③将白酒倒入酒杯，斟八分满即可。

④倒完一杯后轻轻转动瓶口，避免酒滴在台布上，再用左手中的餐巾擦拭瓶口。

⑤随时为客人添酒。

⑥当整瓶酒将要斟完时，询问客人是否需要再加酒，如果需要则服务程序同上。

2.黄酒的服务程序与标准

（1）准备工作。

①客人点用黄酒后，立即至吧台选取黄酒。

②准备干净的小酒杯。

③准备干净的公杯。

④准备温酒器具及配料。准备加热桶和温酒壶，加热桶内放入1/3开水，将黄酒加温至40~45℃，即可产生酒的香味。此外，还可依客人喜好准备一些配料，如话梅、柠檬或姜丝等。

（2）黄酒展示。用餐巾垫着黄酒瓶向客人展示，商标应朝向客人，并告诉客人需要等候的加热时间。

（3）黄酒服务。

①将黄酒倒入温酒壶中，再将温酒壶放入盛有开水的加热桶内略加热。

②左手拿餐巾，右手从加热桶中拿出温酒壶，用餐巾将壶底擦干净，将温过的黄酒倒入公杯中。

③依客人需求加入配料。

④斟酒时，右手拿公杯，从客人右侧为客人斟酒，斟八分满即可。

⑤斟完酒后，将公杯内倒满黄酒，并将公杯放在转台上。

⑥随时为客人添酒。

⑦随时更换热水以保持黄酒的温度。

⑧当温酒壶中的酒倒完时，马上将酒坛中的酒倒入温酒壶中继续加热。

⑨当酒坛中的酒将要倒完时，询问客人是否需要再加酒，如果需要则服务程序同上。

3.啤酒的服务程序与标准

（1）准备工作。

①准备干净的啤酒杯。啤酒杯必须干净，无油渍，这样才能使啤酒在倒出时产生完整的白色泡沫，从而保持啤酒的新鲜口感。

②准备适量的冷藏啤酒。啤酒适宜低温饮用，上桌服务前应进行冷藏，正常的饮用温度在4~8℃，但啤酒也不宜长时间冷藏，通常冷藏4~5小时后饮用为佳。

（2）啤酒服务。

①用托盘装好啤酒、啤酒杯，依据先宾后主、先女后男的原则为客人倒啤酒。

②服务时，服务员应站在客人右侧，左手持托盘，右手将啤酒杯放在客人餐盘的右前方。

③右手拿起啤酒瓶，注意酒标朝向客人。

④将啤酒从酒杯中央快速倒入，当产生泡沫后，再减缓倒酒速度，使啤酒沿酒杯壁慢慢滑入杯中，让酒杯中的啤酒缓缓上升，并保持漂亮的白色泡沫。

⑤啤酒斟八分满即可。

⑥将未倒完的啤酒摆在酒杯右侧，注意随时为客人添加啤酒。

⑦当客人杯中的酒剩下1/3时，应主动询问客人是否添加。

⑧如果不需要添加，应及时将空杯撤下。

4.饮料的服务程序与标准

（1）准备工作。

①将客人所点饮料从吧台取出。

②准备干净的玻璃杯、杯垫、吸管。

（2）饮料服务。

①从客人右侧依次放下杯垫、吸管、玻璃杯。

②帮客人开瓶或开罐，注意在开启碳酸饮料时，应避开客人的身体，以免将饮料喷到客人身上。

③从客人右侧为客人斟倒饮料，注意斟倒速度不宜过快。

④如果客人使用吸管，则需将吸管放入杯中。

⑤将未倒完的饮料瓶或饮料罐放在客人杯子的右侧，商标朝向客人。

⑥当饮料快倒完时，及时询问客人是否需要再加饮料，如果需要则服务程序同上。

5.茶的服务程序与标准

（1）准备工作。

①准备中式茶壶、茶杯和茶盘，要求干净整洁、无茶垢、无破损。

②准备好各种茶叶。

（2）沏茶。

①确保茶叶质量。

②将适量的茶叶倒入茶壶中。

③先倒入1/3的热水，将茶叶浸泡两三分钟后把水倒掉，再用沸水将茶壶沏满。

（3）斟茶。

①使用托盘，在客人右侧服务。

②茶应斟至七分满。

③当茶壶中的茶水剩1/3时，应及时向茶壶中添加开水。

工作要点4-1

（1）为客人斟茶时，不得将茶杯从桌面拿起。

（2）不得用手触摸茶杯口。

（3）同一桌客人所用的茶杯必须大小一致，茶杯与茶壶应配套使用。

（4）及时为客人添加茶水。

二、西餐酒水服务

1.葡萄酒的服务程序与标准

（1）准备工作。

①客人点完酒后，立即去吧台取酒。

②检查葡萄酒的商标及年份。

③准备好开酒器具。

④准备好酒篮，将一块干净的餐巾铺在酒篮底部，将葡萄酒商标朝上放在酒

篮内。

⑤如果是白葡萄酒，还应准备冰桶，冰桶内放入 1/3 冰块，将取回的白葡萄酒放入冰桶内。

⑥如果客人分别点了红葡萄酒和白葡萄酒，则应在客人水杯的右侧依次摆放红葡萄酒杯、白葡萄酒杯。

（2）葡萄酒展示。

①服务员用服务巾包好葡萄酒，或以酒篮、酒架装置葡萄酒，小心地送到客人面前。

②在客人右前方进行验酒。

③展示时，右手握住瓶颈，左手以服务巾托住瓶底，将酒瓶上的商标正面朝向客人，请客人确认。

（3）葡萄酒开启。葡萄酒开启的具体方法详见工作项目一的"任务三　斟酒服务"。

（4）葡萄酒服务。

①服务员用右手持用餐巾包好的酒，商标朝向主人，从主人右侧为主人斟倒 30 毫升左右的葡萄酒，请主人确认并品评酒的品质。

②主人认可后，按先宾后主及女士优先的原则依次为客人斟酒，斟酒时站在客人的右侧。

③每斟完一杯酒都要轻轻转动一下酒瓶，以免酒液滴出。

④斟完酒后，将葡萄酒的商标朝上放回酒篮；如果是白葡萄酒，则放回冰桶内。

⑤服务过程中动作要轻缓，以免酒中的沉淀物浮起影响酒的质量。

⑥随时准备为客人添酒。

⑦葡萄酒将倒完时，及时询问客人是否需要再加酒，如果需要则服务程序同上。

2.香槟酒的服务程序与标准

（1）准备工作。

①准备好冰桶、冰桶架、酒杯、餐巾等。

②将酒从吧台取出，擦拭干净，放在冰桶内冰镇。

（2）香槟酒开启。香槟酒开启的具体方法详见工作项目一的"任务三　斟酒服务"。

（3）香槟酒服务。

①用餐巾将瓶口和瓶身上的水迹拭掉，将酒瓶用餐巾包住。

②右手持酒瓶，向主人杯中斟入 1/5 杯的酒，请主人品尝。

③主人品尝完认可后，服务员需征求意见，是否可以立即斟酒。

④斟酒时，服务员右手持瓶，从客人右侧，按先宾后主及女士优先的原则依次进行。

⑤斟酒量为 2/3 杯（先斟至 1/3 杯，待杯中的泡沫平息后，再续斟至 2/3 杯）。

情景案例 4-1

令客人不满的斟酒

3.开胃酒的服务程序与标准

（1）准备工作。

①准备好吸管、搅拌棒、杯垫及所需辅料。

②将盛酒的酒杯放于托盘左侧，将盛有配酒的特制玻璃杯放于酒杯右侧。

（2）开胃酒服务。

①服务酒水时，按顺时针方向在客人右侧用右手进行。

②给客人斟完配酒后，需要用搅拌棒把开胃酒调均匀，然后把配酒放于一旁，示意客人开胃酒已调好。

③再次为客人服务开胃酒时，需要准备新的酒杯和配酒。

4.咖啡的服务程序与标准

（1）准备工作。

①咖啡壶。咖啡壶应干净，无破损。

②咖啡杯、咖啡碟。咖啡杯按材质分有陶杯、瓷杯、玻璃杯等，按尺寸分有小型咖啡杯、正规咖啡杯、马克杯等。咖啡碟通常与咖啡杯配套使用。

③咖啡勺。咖啡勺有铁勺和瓷勺两种，依客人的不同喜好及需要放置。

④糖罐。糖罐可放入白砂糖、冰糖、黄砂糖、果糖等。

⑤奶盅。奶盅可放入牛奶、鲜奶油、奶油球等。

（2）咖啡的制作过程（以意大利咖啡壶为例）。

①先将热水倒入咖啡壶底座的水槽中。

②再将咖啡槽座放进底壶。

③放入研细的咖啡粉。

④在咖啡粉上放一片滤纸，使咖啡粉不致冲上去。

⑤放入上压盖，将咖啡粉压紧。

⑥将上层壶身与下层转紧，开大火煮到上层壶身冒出蒸汽，咖啡液流进壶身即告完成，此时可以关火。

⑦将咖啡倒进杯中即可。

（3）咖啡服务。

①服务时，应遵循先宾后主及女士优先的原则。

②将咖啡斟至杯的 2/3 处。

③将奶罐和糖盅放在餐桌上，便于客人取用。

④如果客人点的是冰咖啡，则使用玻璃杯，将冰咖啡倒入玻璃杯的 4/5 处。

⑤将吸管和搅拌棒插入杯中。

操作视频4-1

咖啡的
制作过程

工作要点4-2

（1）为客人斟咖啡时，不得将咖啡杯从桌面拿起。

（2）不得用手触摸杯口。

（3）咖啡杯、碟应配套使用。

（4）及时为客人添加咖啡。

学习评价与记录

一、学习评价

根据本工作任务所学内容，按照表4-1进行学习评价。

表4-1 酒水服务工作学习评价表

考核项目	考核要点		配分	得分
知识掌握	中国酒的分类和特点		5分	
	外国酒的分类和特点		5分	
	非酒精饮料的分类和特点		5分	
	酒水服务的程序与标准		5分	
技能操作	酒水服务准备模拟训练	正确准备客人所点酒水	5分	
		正确准备与酒水搭配的酒杯	10分	
		酒水的温度适宜	10分	
	酒水服务模拟训练	面带微笑，精神饱满	10分	
		礼貌问候，用语规范	10分	
		举止优雅，灵活应变	10分	
		按照服务程序与标准，熟练提供酒水服务	10分	
素质养成	积极主动的服务意识		5分	
	认真负责的工作态度		5分	
	爱岗敬业的职业精神		5分	
合计分数			100分	

二、学习记录

根据本工作任务所学内容，填写表4-2学习记录卡。

表4-2 学习记录卡

工作任务		学习时间	
姓　　名		学　　号	
学习方式	个人（　　）　　小组（　　）　　小组成员：		
工作过程			
技能创新			
学习体会			

任务二　西餐服务

◎ **学习目标**

1.知识目标
- 了解西餐及西餐的特点。
- 了解西餐正餐的组成。
- 掌握西餐菜肴与酒水的搭配。
- 掌握西餐的主要菜系。
- 掌握西餐的主要服务方式。

2.能力目标
- 能够分辨西餐的主要菜系。
- 能够按照西餐服务程序与标准提供服务。

3.素养目标
- 培养学生积极主动的服务意识。
- 培养学生认真负责的工作态度。
- 培养学生爱岗敬业的职业精神。

工作导入

　　工作描述： 某西餐厅即将开业，请你以一名培训师的身份，对新员工进行西餐服务基础知识和操作技能的培训，使员工熟悉西餐正餐的组成，掌握西餐主要服务方式的服务技巧与操作要领。

　　工作要求： 内容具体，方法得当，操作规范。

知识储备

　　西餐厅是我国酒店餐饮部的一个对外窗口，也是我国酒店业以优质服务为酒店创造良好声誉和经济效益的重要场所。西餐具有独特的服务方式和服务程序，服务员应遵循西餐服务国际惯例，在服务中做到标准化、规范化、程序化。

一、西餐

　　所谓西餐，是指我国及其他东方国家对欧美等西方各国菜点的统称。随着我国经济社会的发展，西餐在我国逐渐流行起来，经营范围也在不断扩大。

二、西餐的特点

1.选料精细讲究

西餐菜肴大多不宜烹制得太熟，有些菜还需要生吃，因此西餐选料特别考究，力求新鲜精细。猪、牛、羊肉选择除皮去骨无脂肪的精肉。例如，牛肉选脊骨两旁的肉，这是整只牛的肌肉中最好的部分；禽类要去头爪，通常不吃内脏。

2.调料、香料品种繁多

西餐的调料、香料品种繁多，除了盐、胡椒、番茄酱、芥末、咖喱等常见的调味品外，还常在菜中加入多种香料，如桂皮、丁香、薄荷叶、小茴香、肉桂、紫苏叶等，以增加菜肴香味。西餐还常用葡萄酒作调料，烹调时讲究以酒配菜。

3.烹调方法独特

西餐的烹调方法主要有煎、炸、炒、烤、烩、烘、蒸、熏、煮、炖、铁扒等。其中，铁扒和烤最具特色，通常正餐中的主菜都用这两种方法烹制，如铁扒牛排、烤火鸡、烤蜗牛等。

4.调味沙司单独烹制

沙司是调味的汤汁。西餐很多菜式的变化，就是由于使用了不同的沙司。将沙司淋在菜肴中能丰富菜肴的味道，色泽也很鲜艳。烹制的菜式不同，使用的沙司不同，在使用时应严格区分。西餐厨房有专门的厨师负责制作沙司，常见的沙司有番茄沙司、千岛沙司、白沙司、粉沙司、薄荷沙司等。

5.注意肉类菜肴的老嫩程度

西餐特别讲究肉类菜肴的鲜嫩，以保持养分。每位客人对火候的要求不尽相同，服务员在接受点菜时，必须问清客人的需求，以便厨师按客人的口味进行烹制。牛羊肉通常有五种不同的成熟度，即全熟、七成熟、五成熟、三成熟和一成熟。

三、西餐正餐的组成

西餐正餐大多由头盆、汤类、沙拉、主菜、甜点组成。

1.头盆

头盆是开餐的第一道菜，旨在开胃，所以又称开胃品或开胃菜，一般数量较少。头盆常用中、小塑料盘子或鸡尾酒杯盛装，色彩鲜艳，装饰美观，诱人食欲。

头盆又可分为冷头盆和热头盆两种。冷头盆，顾名思义，是由冷制食品制成的菜肴，如熏三文鱼、鱼子酱、生蚝和鹅肝酱等；热头盆是由热制食品制成的菜肴，如法式田螺、串烧海虾、奶油鸡酥盒等。

2.汤类

西餐中的汤类花色品种很多，大致可分为热汤和冷汤两种，一般要求原汤、原色、原味。热汤包括清汤和浓汤，著名的如牛尾清汤、鸡清汤、奶油汤、法式洋葱汤等；冷汤较少，比较有名的有西班牙冻汤、德式杏冷汤、格瓦斯冷汤等。

3.沙拉

沙拉（salad）的意思是凉拌食品，具有开胃、帮助消化和增进食欲的作用。沙拉可分为水果沙拉、素沙拉和荤沙拉三大类。前两种沙拉味淡、爽口，多伴随主菜一

在线课堂4-1

西餐的主要
特点

起食用；后一种沙拉多用于冷盘，可单独作为一道菜食用。常见的沙拉有什锦沙拉、海鲜沙拉、水果沙拉等。

4.主菜

主菜又名主盘，是全套菜的灵魂。主菜多以海鲜、禽畜为主要原料，采用炸、烘、烤、煮、蒸、烧等方法制作而成，如吉列大虾、法式烧鸡、古巴式煎猪肉、法式烤羊腿等。

5.甜点

主菜用完后即上甜点，甜点有冷、热之分，是客人的最后一道餐食，如冰激凌、布丁、蛋糕、水果等。

零点餐厅还应问清客人是否要奶酪。如果要奶酪，应先上奶酪后上其他甜点。

吃奶酪时应配黄油、面包、芹菜条、小萝卜等，调味应用胡椒、盐。

四、西餐菜肴与酒水的搭配

在西餐中，菜肴与酒水的搭配是有一定规律的。西餐服务中有"红酒配红肉，白酒配白肉"的说法，即香味淡雅的酒应与色调冷、香气雅、较清淡的菜肴搭配，香味浓郁的酒应与色调暖、香气浓、口味杂、较难消化的菜肴搭配。另外，咸食应配干、酸型酒类，甜食应配甜型酒类。

下面是几种菜肴与酒水搭配的方法：

（1）与开胃品同时享用的是鸡尾酒、掺了姜汁啤酒的威士忌、雪利酒和味美思等。

（2）与鱼、家禽搭配的是干型或半干型的白葡萄酒。

（3）与牛排、烤肉及其他肉类搭配的是红葡萄酒。

（4）与甜品搭配的是香槟酒、发泡酒和甜型白葡萄酒。

（5）与乳酪搭配的是红葡萄酒。

（6）香槟酒可以与各种菜搭配。

五、西餐的主要菜系

1.法式菜肴

法式菜肴在西餐中最著名，它不但美味可口，而且品种繁多，烹调方法也有独到之处。

法式菜肴选料广泛，制作精细，能按季节及时更换。现代法式菜肴的口味偏淡、色彩偏原色、素色，忌大红大绿及不必要的装饰，追求高雅的格调；汤、菜讲究原汁原味，不用有损色、味、营养的辅助原料。

不仅如此，法式菜肴还注重调味汁的制作，从而形成了自己的独特风味。由于法国盛产酒，因此法国菜的烹调普遍用酒，制作不同类型的菜肴选用不同类型的酒。例如，制作甜菜常用甜酒，制作海味用白兰地和白葡萄酒，制作火腿菜肴则用香槟酒等。

著名的法式菜肴有红酒山鸡、鹅肝冻、法式焗蜗牛、巴黎龙虾、马赛鱼羹等。

2.英式菜肴

英式菜肴素有"家庭美肴"之称，特点是油少、清淡、菜量少而质精。英式菜肴选料广泛，注重选用海鲜及蔬菜作为原料；烹调方法比较简单，主要方法有煮、蒸、烤、烩、煎、炸；调料很少用酒、香料和其他调味酱；喜欢以各种蔬菜代替所缺乏的食品。英国人习惯把各种调味品放在餐桌上，由客人就餐时自己选用。英式早点以内容丰富、鲜嫩、干净、漂亮著称，午后茶点也是一大特色。

著名的英式菜肴有皇家奶油鸡、英式煎猪肝、爱尔兰烩羊肉、牛肉腰子派等。

3.美式菜肴

美式菜肴受英式菜肴的影响较大，但也具有自己的独特风味。美式菜肴讲究口味清淡，咸里带甜。由于美国具有优越的地理位置和自然条件，交通运输方便，因此其食品原料的选择很广泛。美式菜肴的操作方法比较简单，以烧烤最为普遍。

著名的美式菜肴有烤火鸡、美式牛扒、华尔道夫沙拉等。

4.意式菜肴

意大利是西餐烹饪的发源地，其菜品的特点是注重食物本质，菜味浓，突出原汁原味，烹调方法以炒、煎、炸、红烩、红焖为主。

意大利的传统菜式很多，其中意大利面条和意大利比萨饼早已闻名于世。意大利人喜欢面食，在制作面条、馄饨和馅饼方面非常考究。不同形状、颜色和味道的面条至少有几十种；馄饨外观精巧，造型美观；意大利馅饼酥脆芳香。意大利人偏爱油炸、熏制的菜肴，菜肴多用番茄酱作调料。

著名的意式菜肴有米兰通心粉、米兰牛排、意大利面等。

5.俄式菜肴

俄式菜肴主要是指俄罗斯等地方的名菜，其受法国、意大利、奥地利和匈牙利等国菜肴的影响很大。俄式菜肴热量高、油大、味浓且常带有多种口味，如酸、甜、咸和微辣，注重以酸奶油调味。冷菜的特点是新鲜、生食，如生腌鱼、酸黄瓜等。俄式菜肴的制作较简单，以蒸、煮、烩、熏、烧、腌为主要烹饪方法，各种动物性原料常烧得很透。

著名的俄式菜肴有鱼肉包子、红菜汤、什锦冷盘、黄油鸡卷、莫斯科烤鱼等。

六、西餐的主要服务方式

1.美式服务

美式服务是餐厅服务中最普遍、最有效的服务方式之一。服务员根据客人所点菜肴，在厨房将菜肴装盘并加以简单装饰，然后用托盘端到餐厅服务给客人。美式服务是一种迅速、经济的餐饮服务方式，一个服务员可以同时为很多客人服务。

（1）服务原则。美式服务应遵循如下原则：

①所有食品用左手从客人左侧上。

②所有饮料用右手从客人右侧上。

③在送下一道菜之前，必须先撤掉用过的餐具和杯子，用右手从客人右侧收拾餐具及盘碟。

④当客人坐在墙角处或小房间里时，上述原则可灵活变动。

（2）餐桌布置。服务员必须熟知本餐厅的餐桌布置方法，具体要求如下：

①在布置餐桌前，服务员应检查餐桌位置是否合适，摆放是否平稳。餐桌如果不平稳，应旋转到合适位置或者垫稳。桌面必须保持清洁。

②一些豪华餐厅的餐桌上往往铺有一层桌垫，用来吸水和降低餐具与桌面的摩擦声。

③在桌垫上面铺上干净、大小合适的桌布，应注意使印有商标的一面在下。桌布边沿从桌边垂下约30厘米，略高于椅子座面，以免影响客人入座。

（3）摆台。摆台主要根据服务的形式、服务的菜肴以及餐厅的偏好而定，包括餐酒具、餐巾等的摆放。每个客人用餐所需的刀、叉、杯、盘应安排在长约60厘米、宽约40厘米的范围内，总体上应给人以整洁、美观的感觉。具体要求如下：

①餐叉置于餐盘的左侧；餐刀置于餐盘的右侧，刀口向左即面向盘子。所有刀、叉的柄端置于离桌沿2厘米处，茶匙和汤勺放在刀的右侧。

②水杯放在摆好的餐刀的右前方；咖啡杯或茶杯放在水杯的右方，或者放在汤匙的右方，杯把朝右。在美式服务中，水杯通常倒立在桌上，倒水前才正立过来。

③面包盘放于餐叉的上方，黄油刀置于面包盘上。

④调味品包括盐、胡椒、糖、瓶装酱汁、油、醋等，服务员必须将调味品加满后再放在餐桌上，同时检查它们是否干净、齐全。

⑤餐桌用品包括餐巾、蜡烛、花、菜单架等。餐巾摆放的位置比较灵活，可放在最后一个餐叉的左侧，也可折成特殊形状放在整套餐具的中央部位。餐巾的开口应在左边，便于客人拿起和展开。同时，服务员应更换新的蜡烛，换上新鲜的花，牢固菜单架。

（4）服务程序。美式服务程序可分为四个步骤：

①安置客人入席。

•当客人进入餐厅时，引领客人入席，并撤走多余餐具。

•递菜单给客人，把玻璃杯正立后用右手从客人右侧倒满冰水。

•询问客人喜欢何种餐前饮料。

•在客人研究菜单并考虑点菜时，服务员到酒吧取饮料。

②点菜。

•服务员取回饮料后从客人右侧供应。

•服务员请客人点菜并做记录。

•服务员从客人左侧供应面包和黄油。

•如果客人示意不再需要饮料，则服务员应通知厨房准备菜肴。

③上菜。

•用托盘先上汤或开胃品（通常有沙拉），客人的餐前酒杯应从客人右侧取走。食用汤的汤匙或食用开胃品的餐具放在碟子的右侧。除非客人有吩咐，否则在客人饮酒时，千万不要急于端出汤或开胃品。

•主菜及配菜烹调好后，盛在盘里，并由服务员用托盘端进餐厅，放置于靠近客人餐桌的服务台上。

•用过的汤或开胃品盘碟从客人右侧撤走，然后从客人左侧供应主菜，并从客人左侧再度供应面包及黄油。

•假如客人需要咖啡，则服务员应从客人右侧供应。倒咖啡时，要防止热咖啡溅出。

④上甜点。

•当客人用完主菜或表示不再需要其他服务时，服务员应上甜点菜单，随后用右手从客人右侧收拾主菜盘碟，然后从客人右侧供应冰水并清除桌上的面包屑，记下客人所点的甜点。

•用托盘端出甜点，并服务给客人。

•当客人不再需要服务时，服务员可以把账单置于客人左侧桌上不太明显的地方，正面朝下。美式西餐服务至此结束。

需要说明的是，目前许多餐厅的美式服务也采用从客人右侧上菜的方式。

2.法式服务

所谓法式服务，是在欧洲国家，特别是英国、法国的高级餐厅里，一代接一代地沿袭下来的一种共同服务方式。在一些高级餐厅，这种服务又被称为"里兹服务"，因为这种用于高星级豪华餐厅的服务标准是里兹于20世纪初创立的。第二次世界大战以前，欧洲各国的豪华餐厅都使用法式服务。

传统的法式服务对服务员的要求非常严格，专业服务员大部分接受过训练。这种训练包括在职业学校学习，并要经过几年的实习之后才能升为助理服务员。助理服务员不能单独从事服务工作，必须与首席服务员一起工作2年后方能成为正式服务员。今天的法式服务是将传统法式服务与俄式服务融合在一起而形成的一种改良的法式服务。

（1）服务原则。法式服务不同于其他服务方式，它要求将所有菜点置于手推车上，在客人面前加热或烹调后服务给客人。手推车的高度与餐桌相同，并放在靠近客人餐桌处。车上放有火炉，以保持食品的温度。

（2）服务员分工。法式服务是由首席服务员和助理服务员相互协作共同完成的。

①首席服务员的职责。

•当没有领班时，应先安置客人入席。

•请客人点菜并做记录。

•为客人供应所需的酒类及饮料。

•在准备桌上完成菜肴及点心的最后烹饪工作。

•给客人送账单及结账收款。

②助理服务员的职责。

•把首席服务员记录的点菜单送到厨房。

•将厨房准备好的菜肴端进餐厅，放在旁桌或手推车上。

•将首席服务员烹调好的菜肴服务给客人。

•清理脏盘。

•在可能的范围内协助首席服务员。

（3）摆台。

①在座位正前方摆放一个餐盘。

②在餐盘上放置一条叠好的餐巾。

③餐叉置于餐盘的左侧。

④餐刀置于餐盘的右侧。

⑤黄油刀放在面包碟上，与餐刀平行。

⑥在餐盘的正前方，放点心叉及点心匙，供客人吃点心时使用。

⑦饮水用玻璃杯（或酒杯）放在餐刀的前方。

⑧法式服务与美式服务不同，在客人用正餐的时间内不供应咖啡，供应咖啡应在甜点之后。

（4）服务方法。

①助理服务员在厨房将菜肴置于精美、漂亮的大银盘上，然后端进餐厅并放在火炉上保持温度。首席服务员将经过初步烹调的菜肴（即成品或六七成熟食品）在餐厅当着客人面完成最后阶段的烹调。

②首席服务员用双手把客人挑选的菜肴从大银盘盛往客人的餐盘时，助理服务员应端着客人的餐盘，餐盘的高度应低于大银盘。首席服务员也可只用一只手持汤匙及餐叉来盛菜。首席服务员应能熟练进行这种操作，以便助理服务员不在时，可以用另一只手端着客人的餐盘服务。

③首席服务员在盛菜肴时，应注意客人的需要量，供应太多的菜肴会降低客人的食欲。盛好菜后，助理服务员用右手端盘，从客人右侧端上。

④汤的服务。当客人点的汤烹调好后，助理服务员应用银盆将汤端进餐厅，并置于火炉上保温。首席服务员将汤从银盆盛到汤盘里，然后由助理服务员或首席服务员用右手从客人右侧端上。

端热汤给客人时，应将汤盘放在客人的底盘之上，汤盘和底盘中间放一块叠好的餐巾。这块餐巾有双重用途：一是防止服务员端热汤时烫手；二是防止服务员把大拇指压在汤盘上面。

⑤主菜服务。在法式服务中，主菜和其他菜的服务方式与汤的服务方式一样。首席服务员负责切肉、烹调，并将烹调好的菜肴盛到客人的盘碟里，然后由助理服务员服务给客人。为客人供应牛排时，首先由助理服务员从厨房端出已烹调过的牛肉块、汤、土豆及蔬菜等，然后由首席服务员在客人面前调配作料，把牛肉加热，切肉并盛盘，同时应注意客人对牛排的需要量。

3.俄式服务

俄式服务起源于俄罗斯，由于俄式服务简便、迅速，因此它很快超越当时占统治地位的英式服务和法式服务，成为王室里最流行、最时髦的服务方式，并且被大多数豪华宾馆所采用。俄式服务的具体要求如下：

（1）在菜点送上之前，服务员应把餐盘摆放在客人面前，这是一个很有礼貌的举动，因为这给客人传递了一个厨师正在制作菜肴的信息。摆空盘子时，服务员应从客人右侧按顺时针方向进行。

（2）在俄式服务中，食物全部在厨房准备好，并整齐地摆在大银盘里，然后由服务员把大银盘端进餐厅，从主人左侧开始，按逆时针方向将食物分到事先放在每位客人面前的餐盘里。这个原则也适用于汤的服务，除非汤是用杯子送上的。如果汤盛在大餐碗里，应从大餐碗舀到客人的汤盘里；如果汤盛在银杯里，则直接把盛汤的银杯服务给客人。

（3）在俄式服务中，应注意分菜叉、匙的拿法，一般是匙在下，叉在上。右手的中指、无名指和小指夹匙，拇指和食指控制叉，五指并拢，完美配合，这是俄式服务最基本的技巧。

（4）在服务过程中，服务员对食物的量的分配应留有一些余地。如果能多给客人一些他想要的菜，客人会很高兴。所有未从大餐盘中分出给客人的菜肴，应直接送回厨房。

4.英式服务

英式服务是一种非正式的、由主人在服务员的协助下完成的特殊餐饮服务方式。在讲英语的国家，英式服务是一种被人们熟知的家庭服务方式，也称主人服务或盘子服务。英式服务的具体要求如下：

（1）菜肴通常盛在方盘中或大碗中送到餐桌上，男主人从方盘中或大碗中把菜肴分到客人的餐盘里并递给站在左侧的服务员，最后由服务员分给女主人、声望高的客人及其他客人。

（2）服务员把热汤盘放在男主人面前，男主人盛满每一个汤碗并递给站在左侧的服务员，最后由服务员分给每一位客人。

（3）甜点由女主人分好，服务员进行装饰后再分给客人。

（4）所有饮料均由男主人分配并服务。

5.大陆式服务

大陆式服务没有统一、固定的程式，它的主要特点是融合了法式、美式、俄式服务的方法。大陆式服务是根据不同菜肴的特点来选择服务方法的，因此在使用大陆式服务的餐厅，很可能第一道菜用美式服务，第二道菜用法式服务，第三道菜又用俄式服务。究竟选用何种服务方法，应遵循方便客人就餐和员工操作的原则，并由管理人员事先确定。

6.扒房服务

扒房是酒店为满足高消费客人的需求以增加收入而开设的高级法式西餐厅。扒房服务的具体要求如下：

（1）扒房的布置要求高雅、华丽、神秘并具有独特的风格，设计主题一般以欧洲文化艺术为背景。

（2）扒房多以暖色为基调。地毯、餐椅、墙壁要求色调协调。吸顶灯、吊灯、壁灯的亮度均能调节，开餐时光线调得很暗，以餐桌上的蜡烛光照明为主。背景音乐主要播放世界古典名曲，有时安排钢琴现场演奏或小提琴桌边表演，从而形成了一种浪漫、典雅的气氛。

（3）扒房入口处或中央位置的展示台是用水果、蔬菜、酒品、服务器具等精心设计装饰而成的，目的是突出餐厅的特色主题。

（4）扒房使用的餐具、服务器具既高档又专业，如银质或镀银的餐叉、餐刀，贵重的烹制车、酒水车、甜品车、手推车，以及精致的瓷器等。

（5）扒房的家具也较豪华，如羊皮扶手沙发、法兰绒桌垫等。

（6）扒房服务员以男性为主，着西装系领结，或穿燕尾服系领结。

（7）女迎宾员一般着长裙，长裙以黑、红等深色为多。

（8）所有服务员都能熟练地用英语会话，有些扒房还要求服务员讲法语。

（9）扒房的菜单、酒单印制十分讲究，常常使用皮制封面，菜单中应包括该扒房经营餐式（法式、意式、俄式西餐）中的主要大菜和风味食品。

（10）扒房的酒水品种齐全，特别注重配齐世界各地所产的著名红葡萄酒、白葡萄酒及其他名酒。

训练指导

◎　工作思路

通过对西餐服务基础知识的讲解和操作技能的训练，学生应了解西餐的特点和组成，知晓西餐的主要菜系和主要服务方式，掌握西餐主要服务方式的服务技巧与操作要领，达到能够熟练进行西餐服务的训练要求。

◎　工作准备

（1）掌握餐厅预订情况和当日客房住宿情况，做到心中有数。

（2）将折叠好的餐巾均匀地放在每个区域工作台固定的抽屉里，餐巾应完好无损。

（3）检查餐用具是否完好无损、无污渍，若有问题及时更换。

（4）摆好餐台，以符合西餐要求。

（5）补充各种调味品，要求充足够用，保持外观整洁。

（6）检查餐厅环境及卫生。

（7）准备备餐间的餐用具，如面包篮、托盘、底盘、各种调配料等。

（8）了解当天的特色食品和缺少的食品。

◎　操作方法

按照不同类型的西餐服务方式设计场景，进行模拟训练。教师先讲解、示范，然后由学生操作，教师再进行指导。

◎　技能训练

一、西餐早餐服务程序与标准

客人吃早餐往往都有自己对食物和饮品的特殊要求，如对蛋的烹饪方法的要求，以及在未看菜单前客人可能会要一杯咖啡或红茶等，所以餐厅应该随时准备好。西餐早餐服务程序如下：

（1）尽快给客人上饮品，问清客人是要咖啡还是红茶等。

（2）递呈菜单，推荐当日新鲜水果。

（3）点菜记录，如果有客人点用蛋类，要问清客人喜欢哪种烹饪方法，蛋要几分熟等。

（4）将点菜单送入厨房备菜。

（5）迅速备妥食物的配料并放在餐桌上，如烤面包应配有果酱、黄油等。

（6）尽快上齐客人所点食物，不断添加咖啡或茶等。

（7）询问客人对食物是否满意。

（8）除非客人要求结账，否则应问客人还需要什么服务。

（9）客人结账后，应向客人致谢，并欢迎客人再次光顾。

（10）客人用完餐后，服务员应清理餐桌上的东西；若客人尚未离座，则服务员不能拿走客人未饮用完毕的饮料杯。

二、西餐零点餐服务程序与标准

1.迎宾

（1）打招呼，问候。

（2）引客入座。2分钟内让客人落座。

2.餐前服务

（1）服务面包和水。客人入座后2分钟内完成。

（2）客人点餐前饮料。客人入座后2分钟内完成。

（3）呈递菜单、酒单。客人入座后5分钟内完成。

（4）解释菜单。客人入座后10分钟内完成，通常在服务饮料时解释菜单。

（5）服务饮料。客人入座后10分钟内完成。

（6）点菜记录。客人入座后15分钟内完成，或在服务饮料后进行；如果有必要，可在呈递菜单时进行。

（7）将点菜单送到厨房。

3.开胃品服务

（1）服务开胃品。客人入座15分钟后进行。

（2）清理开胃品盘。全桌客人用完后撤盘、杯。

（3）加冰水。清理完盘、杯后，主动为客人加满冰水，直到服务甜点。

4.汤或沙拉（第二道菜）服务

（1）服务汤或沙拉。清理完开胃品盘后10分钟内进行。

（2）清理汤或沙拉的餐具。全桌客人用餐完毕，撤走餐具及酒杯；另有规定的情况除外。

5.主菜服务

（1）服务主菜。清理完汤或沙拉的餐具后10分钟内进行。

（2）清理主菜盘及餐具。客人用完主菜后清理土菜盘、空杯等，只留水杯或饮料杯，撤换桌上烟灰缸。

（3）清理调料。撤走所有调料，如盐、胡椒等。

（4）清扫桌上的面包屑。用刷子将桌上的面包屑扫进餐盘，而不是扫到地上。

6.餐后服务

（1）布置甜点餐具。摆上甜点盘、甜点叉、甜点刀、茶匙。

（2）布置服务咖啡或茶的用品。摆上糖、牛奶等。

（3）服务甜点。清理完主菜餐具后15分钟内进行。

（4）服务咖啡或茶。服务甜点后或与甜点同时服务。

（5）清理甜点盘。当全部客人用餐完毕后进行。

（6）服务餐后饮料。客人点完饮料后10分钟内进行。

（7）加满咖啡或茶。应主动询问客人需要咖啡还是茶，并为客人斟倒，不要等客人要求时再添加。

7.收尾工作

（1）呈递账单。一般等客人要求时呈递，或者在添咖啡或茶时呈递。

（2）收款。根据酒店规定收取餐费。

（3）送客。当客人离开时，要说"谢谢光临，很高兴为您服务"，并欢迎客人再次光临。

三、西餐宴会服务程序与标准

1.引宾入席

（1）开宴前5分钟左右，餐厅负责人应主动询问主人是否可以开席。

（2）经主人同意后，立即通知厨房准备上菜，同时请客人入座。

（3）值台服务员应精神饱满地站在餐台旁。

（4）当客人走近座位时，服务员应面带笑容地拉开座椅，按宾主次序协助客人入座。

2.服务程序

（1）在宴会开始前几分钟摆上黄油，分派面包，面包可以在任何时候与任何菜肴搭配，所以应保证客人的面包盘里总是有面包，一旦盘子空了，服务员应立即给客人添加。

（2）按顺序上菜，依次是：开胃品、汤、副菜、主菜、甜食、咖啡或茶。

（3）每上一道菜之前，应先将用过的前一道菜的餐具撤下。

（4）上甜食。

（5）上咖啡或茶。

四、扒房服务程序与标准

1.电话预订服务

扒房因进餐节奏慢且就餐时间长，所以座位的周转率很低。为了保证客人到餐厅就有座位，就餐往往需要提前预订。电话预订服务程序如下：

（1）在电话铃响三声之内拿起听筒。

（2）自报身份，问清客人的姓名、预订的座位数及准确时间等。

（3）记下客人的特殊要求，如要求留座的位置、预订的菜式、是否需要生日蛋糕等。

（4）重复客人的预订，让客人确认，并道谢。

（5）等客人挂上电话后，预订员才能挂电话。

（6）将预订情况填写在预订登记表上。

2.布置餐台

布置餐台的具体方法详见工作项目一的"任务八　西餐摆台"。

3.餐前会（班前会）

开餐前半小时，每个服务员都要参加由餐厅经理或领班主持的餐前会。会上由餐厅经理或领班宣布任务分工，介绍当日特色菜肴及推销、服务的注意事项，让员工了解当日客情，检查员工的仪容仪表。

服务员接到任务后，回到各自岗位做好开餐准备工作。

4.迎候客人进餐厅

迎宾员或餐厅经理在餐厅门口迎候客人，见到客人先询问客人有没有预订，然后将客人引领到预留的或适当的餐桌。

5.安排就座

值台服务员上前招呼客人，帮助客人就座，同时为客人铺好餐巾，向客人介绍开胃酒或鸡尾酒，记下每位客人所点的酒水。

6.开出酒水单

酒水单一式三联，第一联交收款台以备结账，第二联送到吧台取酒水，第三联自留备查。

7.服务餐前酒水

开单后，值台服务员应尽快将酒水送到客人桌上，时间不应超过2分钟。为没有点酒的客人倒上冰水。服务鸡尾酒时，值台服务员应用托盘送上，并报出名称。如果由售酒服务员开酒水单，则售酒服务员可在客人面前调制鸡尾酒。

8.递菜单

请客人点菜时，值台服务员应为每位客人呈递一份菜单。呈递时应打开菜单第一页，同时介绍当日厨师特选，然后略退后，给客人留下选菜和点菜的时间。

9.接受点菜

扒房由领班接受客人点菜，一般情况下，值台服务员是不能接受点菜的。由于西餐是分餐制，每人一份菜单，每位客人所点的菜肴可能都不一样，因此点菜时领班应先在画有座位示意图的记事本上将每位客人所点菜名记录下来，再根据记事本上的内容安排正式的点菜单。对于点菜较多的客人，可征得客人的同意后将沙拉配主菜吃；对于点菜少的客人，可将沙拉当作一道主菜上。总之，尽量让每位客人都不受冷落，做到从第一道菜到最后一道菜，每位客人都有吃的。

接受客人点菜时，领班应注意以下事项：

（1）点牛排、羊排时，应问清生熟程度。

牛羊肉一般有五种火候，分别是：

一成熟：表面焦黄，中间为红色，装盘后有血水渗出。

三成熟：表面焦黄，外层呈粉红色，中心为红色，装盘不见血，但切开后断面有血水流下。

五成熟：表面褐色，中间呈粉红色，切开后肉中流出的汁仍然见红。

七成熟：表面深褐色，中间呈茶色，略见粉红色，切开后流出的汁水是白色的。

全熟：表面焦黄，中间为茶色，肉中无汁水流出，肉硬度较高，不容易消化和咀嚼。

（2）点沙拉时，应问清配何种沙拉汁。

（3）点法国洋葱汤时，应问清是否配帕尔玛干酪。

领班将开好的点菜单第一联交收款台，第二联交厨师长备菜，第三联与记事本一起交给值台服务员，由值台服务员去做准备工作。

10.重新摆放台面餐具

值台服务员根据点菜单和记事本上的座位示意图，给每位客人按上菜顺序摆好刀、叉、勺。最先吃的菜肴的用具放在最外边；然后将刀、叉依次向中央摆放；假如最后吃主菜牛排，则牛排刀、叉置于最里面靠餐盘两侧。

11.询问佐餐酒

领班或调酒师应询问客人用什么葡萄酒（西餐的红、白葡萄酒一般整瓶出售）。如果客人用红葡萄酒，要问清客人是现在喝还是配主菜喝，以及现在是否要打开等。

12.上黄油、面包

值台服务员应检查黄油是否够量及形状是否完好，面包是否够量及是否新鲜，注意应先给女士上黄油和面包。

13.服务佐餐酒

领班或调酒师负责服务佐餐酒，具体服务方式详见工作项目四的"任务一　酒水服务"。

14.服务头菜

按餐厅规定的服务方式上菜，有的餐厅用手推车将在厨房分盘装好的菜推至桌边，有的餐厅则用银盘现场分派。

15.检查桌面情况

（1）撤走空的饮料杯。

（2）换下有两个以上烟头的烟灰缸。

（3）添加冰水、葡萄酒。

（4）添派面包及黄油。

16.撤走头盘

撤盘前应征求客人的意见，撤盘时按先女后男的次序进行，将刀、叉放在空盘里一同撤下。

17.服务第二道菜

值台服务员用手推车或旁桌服务方式送上第二道菜，直接放在装饰盘内。汤盅应垫上餐巾折成的小荷花，这样既美观又可保温。沙拉碗与汤盅一样，也应垫上餐巾折成的小荷花，以使食品保持低温。

第二道菜吃完后，空菜盘应连同装饰盘一同撤下，餐位上只留下吃主菜的刀、叉及面包盘。

18.服务主菜

许多餐厅的主菜是在客人面前烹制表演、切割装盘的。值台服务员应提前做好准备工作，然后由领班进行操作表演。将菜肴装盘时应注意布局，一般蔬菜等配菜放在大块肉的上方。值台服务员上完菜后应报菜名，告知牛排、羊排几成熟；摆盘时，肉类应靠近客人，蔬菜应靠近桌心。

19.撤主菜盘

当全部客人吃完主菜后，值台服务员应按先女后男的次序撤走主菜盘及刀、叉，用服务巾将面包碎屑扫干净并征求客人对主菜的意见。

20.服务甜点

值台服务员应先展示放有各式奶酪的木板或手推车，将客人点的奶酪当场切割、装盘、摆位，并配上胡椒、盐、黄油、面包、蔬菜等，待客人吃完奶酪后，将用具用托盘撤下，只留下甜品叉、勺及装有酒水的杯子、餐巾、烟灰缸、花瓶、蜡烛。甜点在厨房里准备，但苏珊薄饼应在客人面前烹制表演。

21.服务咖啡或茶

值台服务员应先问清客人是喝咖啡还是喝茶，随后撤走甜点餐具，送上糖缸、奶壶或柠檬片，准备咖啡具或茶具。咖啡和普通红茶配糖和淡奶，柠檬茶配糖和柠檬片。

22.推销餐后酒

用酒车展示餐后酒，若客人有需要，则用酒车上准备好的各式酒杯倒酒并随之记账。

23.结账

只有客人提出结账要求后，领班才应通知收银员汇总账单。领班应检查账单是否正确，然后用账夹或小银托盘递送账单，不需要读出消费总数，除非客人有疑问。收银员办完结账手续后，在账单第一、二联盖上"收讫"章，领班用账夹将找回的钱和账单第三联交给客人并道谢。

24.送客

客人起身离座时，值台服务员应帮助客人拉椅、穿外套，提醒客人带好自己的物品，同时说"谢谢光临"或"欢迎下次再来"等礼貌用语，送客人到餐厅门外，鞠躬道"再见"或"晚安"。

模拟对话4-1

西餐服务（一）

25.清台

用托盘及干抹布清理台面，换上干净的台布，摆放好椅子，准备迎接下一批客人或为下一餐铺台。

模拟对话4-2

西餐服务（二）

五、模拟对话

模拟对话内容请扫描二维码观看。

情景案例 4-2

引位服务
应做到哪些

工作要点 4-3

（1）引位服务应由专人负责，主动热情，问候及时，引导与拉椅让座规范，能为老年人、儿童、残疾人提供有针对性的服务。

（2）西餐服务应有一定的技术性、艺术性。

（3）根据客人选用的菜肴与酒水搭配相应的餐酒具，不可混用。

学习评价与记录

一、学习评价

根据本工作任务所学内容，按照表4-3进行学习评价。

表4-3　　　　　　　　　　西餐服务工作学习评价表

考核项目	考核要点		配分	得分
知识掌握	西餐及西餐的特点		5分	
	西餐正餐的组成		5分	
	西餐菜肴与酒水的搭配		5分	
	西餐的主要菜系		5分	
技能操作	西餐服务准备模拟训练	餐具准备齐全	5分	
		菜品准备齐全	10分	
		服务准备充分	10分	
	西餐宴会服务模拟训练	面带微笑，精神饱满	10分	
		礼貌问候，用语规范	10分	
		举止优雅，灵活应变	10分	
		按照服务程序与标准，熟练提供西餐宴会服务	10分	
素质养成	积极主动的服务意识		5分	
	认真负责的工作态度		5分	
	爱岗敬业的职业精神		5分	
合计分数			100分	

二、学习记录

根据本工作任务所学内容，填写表4-4学习记录卡。

表4-4　　　　　　　　　　　　学习记录卡

工作任务		学习时间	
姓　　名		学　　号	
学习方式	个人（　　）　　小组（　　）　　小组成员：		
工作过程			
技能创新			
学习体会			

任务三　客房送餐服务

◎ **学习目标**

1.知识目标

• 了解客房送餐服务的主要内容。

• 了解客房送餐菜单。

• 了解客房送餐用具。

• 掌握客房送餐的订餐方式。

• 掌握客房送餐服务的程序与标准。

2.能力目标

• 能够熟练为客人提供订餐服务。

• 能够按照客房送餐服务程序与标准提供服务。

3.素养目标

• 培养学生灵活应变的沟通能力。

• 培养学生认真负责的工作态度。

• 培养学生爱岗敬业的职业精神。

工作导入

工作描述：晚上8点左右，某酒店餐饮部的订餐电话响个不停，原来是2919房间的客人要订餐。"先生，您需要用些什么？""一份绍兴糟鸡、一份红烧鲈鱼、一份麻辣豆腐、一份番茄蛋汤，加两碗米饭。""好的，先生。"服务员挂断电话便立即通知厨房。大约过了30分钟，2919房间的客人又打来电话，还未等服务员开口便一顿喊叫："想把人饿死吗？还说是五星级酒店，餐到现在还没送来。"服务员刚要道歉，对方已经将电话挂断。如果你是服务员，你会如何做好此次客房送餐服务？

工作要求：服务规范，方法得当。

知识储备

客房送餐服务是酒店为方便客人而提供的一项服务，也是酒店创收渠道的来源之一。客房送餐组通常为餐饮部下属的一个独立部门，一般提供24小时服务。由于服务涉及环节多，人工费用高，因此产品和服务的价格一般比餐厅售价高20%～30%。

一、客房送餐服务的主要内容

1.早餐

早餐是客房送餐服务最主要的项目。

2.午餐、晚餐

午餐、晚餐主要提供烹调简单、出餐速度快的菜点。

3.特别服务

总经理送给酒店VIP客人的花篮、水果篮、礼品等都由客房送餐服务人员负责送到客人房间；节日期间送给全部或部分住店客人的礼品由客房送餐服务人员与客房部协作送到客人房间。

二、客房送餐菜单

1.门把手菜单

门把手菜单又称送餐牌，是为了方便客人而挂在门把手上的一种纸质菜单。菜单上列有各种菜肴、酒水饮料、套餐的名称、价格和供应时间。

2.床头柜菜单

床头柜菜单通常摆放在客房的床头柜上，菜单中的菜点一般较容易烹制且制作速度快。床头柜菜单主要供客人预订午餐、晚餐及夜宵时使用。

3.电子菜单

电子菜单是指使用电子设备来展示和交互的菜单，电子菜单既方便又环保。

三、客房送餐用具

1.托盘

酒店必须备有送餐服务用的圆形及方形托盘，最好是胶木的。

2.送餐车

酒店应备有送餐车，送餐车应带有保温设备，且保温性能较好。另外，送餐车应有万向轮，能够使送餐车灵活移动且无噪声。

3.餐用具

送餐服务用的餐具、酒杯、餐巾、调料瓶必须清洁卫生且无缺损，盛菜用的餐盘及保温盖必须完好无损。

四、订餐方式

1.门把手菜单订餐

客人订餐时，只需要将房间内的门把手菜单按要求填好，然后于每天凌晨2点之前挂在客房门把手上即可，门把手菜单有专人收取并送入厨房备餐。

服务员在收取门把手菜单时，必须认真核对房间号，以免错漏。收取的门把手菜单必须按时间顺序排列，然后送交送餐服务组开出点菜单和账单。

2.电话订餐

服务员应及时接听电话，认真记录客人需求。

3.网络订餐

客人根据酒店提供的订餐平台在线订餐。

训练指导

◎　**工作思路**

通过对客房送餐服务基础知识的讲解和操作技能的训练，学生应了解客房送餐服务的主要内容及订餐方式，掌握客房送餐服务的程序与标准，达到熟练操作的训练要求。

◎　**工作准备**

（1）订餐员应了解当天食品的供应情况，准确记录菜单上食品的实际变动情况，掌握食品的原料、配料、味道和制作方法。

（2）送餐员准备好送餐用具，如托盘、送餐车、餐具、餐巾等，送餐用具应符合卫生要求。

（3）接受订餐的服务员应熟知送餐服务时间、收费标准和等候时间等。

（4）按点菜单要求在餐车上摆好餐具、布草，准备好茶、咖啡、牛奶、糖、调味品等。

（5）将准备好的餐具、布草等详细登记，以便收回时核对。

（6）准备好客人的账单，以便核实签字。

◎　**操作方法**

教师先讲解、示范，然后由学生操作，教师再进行指导。操作后，学生之间相互点评，最后由教师总结。

◎　**技能训练**

一、接受客人预订

（1）订餐员必须在电话铃响三声之内接听电话，自报身份后主动问候客人。

（2）认真倾听并准确记录客人所点菜点、酒水的种类、数量及制作或服务要求，解答客人疑问。

（3）询问客人的姓名、房间号、人数及要求送餐的时间等内容，并做好记录。

（4）复述记录下的内容以获得客人确认，向客人礼貌道别，待客人挂机后再挂机。

（5）开出点菜单和账单。若客人需要特殊食品或有特殊要求，则应附文字说明。

（6）在客房送餐服务记录本上记录客人的订餐情况，包括订餐客人的房间号码、订餐内容、订餐时间、账单号码等。

二、备餐摆台

（1）准备好送餐用具。

（2）取回客人所点菜点和酒水饮料。

（3）若使用送餐车，则应依据客人订餐的种类和数量，按规范摆台，并将热菜放入保温箱内。

三、送餐

（1）对于重要客人，餐厅经理应与服务员一起送餐进房，并提供各项服务。

（2）使用酒店规定的电梯进行客房送餐服务。

（3）核对房间号、送餐时间。

（4）按门铃时说："送餐服务。"在征得客人同意后方可进入房间。

（5）用客人姓氏向客人问好及打招呼，把送餐车或餐盘放到适当位置，并征求客人对摆放的意见。

（6）按规定要求摆好餐具及其他物品，请客人用餐。

（7）询问客人是否需要酒水服务。

随着人工智能技术的发展，智能机器人也逐渐应用到餐厅服务中来。送餐机器人是餐厅常用的一种智能机器人，它可以按照预先制定好的路线，按指令端盘送餐到指定地点，发出语音提示后由客人或者服务员将餐盘转移到餐桌。对酒店来说，送餐机器人可以减轻餐厅服务员的劳动强度，提高餐厅的工作效率；对客人来说，送餐机器人造型可爱，表情灵动，丰富了客人的用餐体验。需要注意的是，送餐机器人在使用过程中应正确操作并做好维护保养。

操作视频4-2

送餐机器人

五、结账与道别

（1）双手持账单夹上端，将账单递给客人，请客人签字，并致谢。

（2）询问客人还有什么需要，如无需要，应礼貌向客人致谢道别。

（3）离开客房时，应面朝客人退步转身，随手轻轻关上房门。

六、收餐

（1）服务员通常在早餐30分钟后，午餐、晚餐60分钟后收餐，如未接到客人的收餐电话，则可打电话询问客人的用餐情况、食品质量情况，以及是否可以收餐。

（2）收餐前应检查预订记录，确认客人房间号。

（3）收餐时，如果客人在房间，动作要轻，速度要快，并迅速检查餐具有没有破损，最后道别。

（4）当客人不在房间时，应请楼层服务员开门。

（5）服务员在收餐具时，应同时清理桌子上的脏东西，以保持房间的清洁卫生。

（6）收拾完餐具后，服务员应迅速将送餐车、托盘、餐盘等用具从房间撤出。

七、结束工作

（1）在预订记录上注销预订，写明离房时间。

（2）将客人签过字的账单送交收款台。

（3）带回的餐具送洗碗间清洗并清点登记。

（4）清洁送餐车、保温箱等用具。

（5）领取物品，做好下一次送餐服务的准备工作。

工作要点4-4

（1）订餐员在接受客人预订时，应使用礼貌用语，语调柔和，并能用外语提供服务。

（2）订餐员在交接班时应做到手续齐全，交接内容清楚，以防工作脱节造成差错。

（3）送餐服务应注意卫生，凉菜加保鲜膜，热菜加保温装置。

（4）收餐具时顺便询问客人的意见，及时将意见反馈给相关部门和负责人。

（5）注意确认客人的房间号，切忌弄错。

（6）切勿将餐具与客房用品混淆，收回的餐具不可滞留在楼层。

（7）客房内铺地毯的酒店，送餐员在服务中应礼貌提示客人注意保持地毯清洁。

情景案例4-3

如何做好客房
送餐服务

德技兼修4-1　　　　　　餐饮人的服务理念：100-1=0

餐饮行业是劳动密集型和情感密集型行业，实行的是人对人的服务。然而不同的人具有不同的特点、不同的爱好，不同的心理、不同的需求，只有在充分了解客人需求的基础上，才能提供令客人满意的服务，从而给客人留下深刻的印象，提高客人的忠诚度。

具体来说，保安在指挥泊车时，应热情地和客人打招呼；迎宾员在为客人引位时，应面带微笑；值台服务员应熟悉主人和主宾的称谓，以便在餐中服务时能够用客人姓氏称呼；收银员在为客人结账时，应礼貌询问客人的结账方式，做到结账快速准确，同时向客人表示感谢。

对客人而言，服务质量只有好与坏之分，不存在较好与较差的比较等级。因此，从保安、迎宾员、值台服务员到收银员，每一个人都要做好服务工作，只要有一个细节或环节出现差错，就会导致客人的不满，也就是"100-1=0"。

资料来源　佚名.餐饮人的服务理念"100-1=0"［EB/OL］.［2017-05-30］. http://www.360doc.com/content/17/0530/11/43663234_658414171.shtml.

思政元素：团队合作　敬业奉献　服务人民

学有所悟：团队合作强调的不仅仅是一般意义上的合作与齐心协力，它要求发挥团队的优势，其核心在于团队成员在工作中加强沟通，利用个性和能力差异，在团结协作中实现优势互补，带来"1+1>2"的绩效。因此，餐饮服务人员共同完成目标任务的保证，就在于团队成员专业技能的互补，在于发挥每个人的特长，并注重服务流程，从而产生协同效应。党的二十大报告中多次强调"以人民为中心""人民至上"，餐饮服务人员应时刻坚持客人至上的服务理念，全力以赴以集体奉献的方式为客人创造价值。

学习评价与记录

一、学习评价

根据本工作任务所学内容，按照表4-5进行学习评价。

表4-5　　　　　　　　　　西餐服务工作学习评价表

考核项目	考核要点		配分	得分
知识掌握	客房送餐服务的主要内容		5分	
	客房送餐菜单		5分	
	客房送餐用具		5分	
	客房送餐的订餐方式		5分	
	客房送餐服务的程序与标准		5分	
技能操作	客房送餐预订服务模拟训练	餐具准备齐全	5分	
		菜品准备齐全	5分	
		服务准备充分	10分	
	客房送餐服务模拟训练	面带微笑，精神饱满	10分	
		礼貌问候，用语规范	10分	
		举止优雅，灵活应变	10分	
		按照服务程序与标准，熟练提供客房送餐服务	10分	
素质养成	灵活应变的沟通能力		5分	
	认真负责的工作态度		5分	
	爱岗敬业的职业精神		5分	
合计分数			100分	

二、学习记录

根据本工作任务所学内容，填写表4-6学习记录卡。

表4-6　　　　　　　　　　　　学习记录卡

工作任务		学习时间	
姓　　名		学　　号	
学习方式	个人（　　）　　　小组（　　）　　　小组成员：		
工作过程			
技能创新			
学习体会			

任务四　菜单设计和制作

◎ **学习目标**

1.知识目标
•了解菜单的作用。
•了解菜单的分类。
•掌握菜单的内容。
•掌握菜单设计的原则。

2.能力目标
•能够根据餐厅特点设计和制作菜单。
•能够根据宴会特点设计和制作菜单。

3.素养目标
•培养学生的创新能力。
•培养学生的审美能力。
•培养学生的职业热爱。

工作导入

　　工作描述：三位客人来到金碧辉煌的餐厅用餐，服务员递上菜单，恭候在侧，客人开始点菜。客人一面翻着菜单，一面在心里计算着价格，差不多300元，客人对服务员说："就这些，上菜吧。"

　　一个小时后客人用餐完毕，服务员递上菜单说："请结账。"随后走开招呼其他客人。三位客人看着账单，愣住了。

　　账单上写着人民币650元。一位客人说："我点菜的时候估算这顿晚餐的价格约300元，可这儿竟写着650元，怎么会多出这么多？"

　　这一切都看在领班小王的眼中，她满面笑容地朝小方桌走去，轻声问道："先生，需要我效劳吗？"客人说出事情的缘由，小王听罢，到收银台核实后，对客人说："先生，你们食用的一道菜'咸菜黄鱼汤'，标价是以每50克计算的，每50克黄鱼标价20元，你们食用的这条大黄鱼重750克，计价300元，价格出入应该在这儿，你们看对不对？"菜单上标着该菜以重量计算价格，显然是客人看错了，误以为一碗汤20元，面对剩下的小半条鱼，三位客人面面相觑，不知所措。如果你是服务员，今后在菜单设计方面应如何改善？

　　工作要求：设计科学合理，装帧精美。

知识储备

一、菜单的作用

菜单是餐厅的产品目录，也是即将出售的食品清单。

菜单的作用包括：

（1）菜单反映了餐厅的经营方针。

（2）菜单体现了餐厅菜肴的特色和水准。

（3）食品原材料采购的数量、种类，以及食品的烹调制作方式等都依据菜单而定。

（4）餐厅服务人员根据菜单上食品的种类、特色、价格等来引导销售，为客人提供最佳的服务。

（5）菜单既是艺术品，又是宣传品。

二、菜单的分类

菜单的分类方法很多，主要有以下几种：

1.按用餐时间分类

（1）早餐菜单。早餐应以简单、营养为主，一般可分为中式早餐和西式早餐，西式早餐又可分为美式早餐和欧式早餐。中式早餐菜单上一般有油条、豆浆、馒头、包子、稀饭、烧饼、馄饨、小菜等；西式早餐菜单上一般有水果、面包、燕麦粥、火腿、蛋类，以及果汁、咖啡、茶、牛奶等饮品。

（2）早午餐菜单。早午餐的用餐时间介于早餐与午餐之间，在早上10点钟左右。早午餐在欧美比较流行，只有较大型的餐厅或酒店才会提供，主要针对早上较晚进餐的客人。因此，早午餐菜单在菜点的设计上主要为清淡可口的早点搭配几样菜肴，让客人同时解决午餐的问题。

（3）午餐菜单。由于午餐用餐时间较短，因此午餐应以简便为主。午餐菜单在设计上通常以套餐、便当为主。

（4）下午茶菜单。下午茶一般在下午2点至5点之间。下午茶菜单若以中式菜单出现，则菜点大多是一壶茶搭配两三样小点心；若以西式菜单出现，则菜点为咖啡或茶搭配一块蛋糕或几片饼干。

（5）晚餐菜单。晚餐用餐时间较长，菜点较为精致丰盛，价格也较午餐高。另外，晚餐会搭配酒类及其他果汁，以使用餐气氛轻松愉快。因此，晚餐菜单通常设计精美，菜点和酒水种类齐全。

（6）消夜菜单。消夜多在晚上及就寝前供应，因此消夜菜单在菜点的设计上注重简单、低热量、少油腻。

2.按功能分类

（1）零点菜单。零点菜单按菜的属性来归类，有较多的选择。每道菜的单价、分量不同，客人可根据自己的饮食习惯及预算选择适合自己的菜加以组合。

（2）套餐菜单。套餐菜单有多种组合方式，内容主要有开胃菜、汤、主菜、甜点、饮料等。套餐价格固定，菜的供应量也固定。对于不喜欢花时间点菜，或对菜肴内容不熟悉的客人而言，使用套餐菜单是比较方便的。

（3）混合菜单。混合菜单兼具套餐菜单与零点菜单的功能，其中一部分菜肴为固定形式，如主菜、汤等，其他菜肴可自由选择，或以自助餐的方式自由拿取。混合菜单的价格固定，不再另外加价。

（4）宴会菜单。宴会的种类较多，宴会菜单的设计应考虑宴会主题、餐厅的成本与利润、客人的需要与喜好等多方面内容。

3.按外观形式分类

（1）桌上式菜单。桌上式菜单通常以类似卡片或簿子的形式出现。菜单封面设计精美，有时甚至加装封套，各类食物分门别类，客人可按人数或食量选择自己喜欢的餐点。

（2）桌垫式菜单。桌垫式菜单通常铺在桌面上，使客人一目了然。

（3）悬挂式菜单。悬挂式菜单通常单张出现，悬挂在餐厅的上方。菜单上印有餐厅特色菜肴的名称或图片，客人一进店便可看到，较为醒目。

（4）电子菜单。客人通过扫描餐桌上的二维码或者利用餐厅提供的点菜设备，可以详细了解餐厅的菜品。

三、菜单的内容

1.菜品的名称和价格

菜品的名称会直接影响客人的选择，如果客人未曾尝试过某菜，则往往会凭名称去挑选。需要特别说明的是，菜品的名称和价格应具有真实性，这种真实性包括以下内容：

（1）菜品的名称真实。菜品的名称应该好听，但更应该真实，不能太离奇。故弄玄虚而离奇的菜名、客人不熟悉或不符合实际的菜名，都不容易被客人接受。因此，向大众开放的餐厅应该采用真实且为客人所熟悉的菜名。

（2）菜品的质量真实。菜品的质量真实包括以下方面：菜品所用原料应与菜单的介绍一致，如菜单上菜品的名称为炸牛里脊，餐厅就不能供应炸牛腿肉；产品的产地应与菜单的介绍一致，如菜单上标注牛排的产地是新西兰，那么原料必须从新西兰进口；菜品的分量应与菜单的介绍一致，如菜单上标注菜肴分量为350克，则必须是350克；菜品的新鲜程度应与菜单的介绍一致，如菜单上写的是新鲜蔬菜，就不能提供罐头或速冻食品。

（3）菜品的价格真实。菜单上菜品的价格应该与实际供应菜品的价格一致。如果餐厅加收服务费，则必须在菜单上注明；如果价格有调整，则应立即修改菜单。

（4）外文名宇正确。菜单是餐厅质量的一种标记。如果西餐厅菜单上的英文或法文名称拼写错误，则说明西餐厅对该国的烹饪根本不熟悉或对质量控制不严，这样会使客人对餐厅产生不信任感。

（5）菜单上列出的产品应保证供应。

在线课堂4-4

菜品命名的
方法

2.菜品的介绍

菜单会对一些菜品进行介绍。这种介绍可以代替服务员站立向客人介绍，从而节省客人选菜的时间。菜品介绍的内容包括：

（1）主要配料以及一些独特的浇汁和调料。有些配料应注明规格，有些配料应注明性质。

（2）菜品的烹调和服务方法。某些菜品具有独特的烹调和服务方法，这必须加以介绍，普通的烹调和服务方法则不需要介绍。

（3）菜品的分量。有些菜品应注明每份的量，如果以重量表示，则是指烹调后菜品的重量；有些菜品应注明数量，如美式早餐套餐注明有两个煎蛋。

菜品的介绍应便于菜品的推销，注意引导客人点那些餐厅希望销售的菜肴，因此应着重介绍高价菜、名牌菜，同时应介绍一些名字不清楚的菜。

菜品的介绍不宜过多，非信息性介绍会使客人感到厌烦。当然，如果一张菜单就像产品目录那样简单地列出菜名和价格，也无法吸引客人。

3.告示性信息

每张菜单都应提供一些告示性信息。告示性信息必须十分简洁，一般包括以下内容：

（1）餐厅的名字。通常显示在菜单的封面上。

（2）餐厅的特色风味。如果餐厅有某些特色风味而餐厅名又反映不出来，就应在菜单封面的餐厅名字下面列出其风味，如金珠餐馆（潮州风味）

（3）餐厅的地址、电话和商标。一般列在菜单的封底下方，有的菜单还会列出餐厅在城市中的位置。

（4）餐厅的营业时间。列在封面或封底。

（5）餐厅加收的费用。如果餐厅加收服务费，则应在菜单的内页上注明；如果餐厅只收人民币，也必须注明。例如，在菜单上注明这样一句话："所有价目均加收10%服务费，请用人民币结账。"

4.机构性信息

餐厅都需要推销自己的特色，而菜单是推销的最佳途径。因此，有的菜单上还会介绍餐厅的历史背景、特点等情况。

5.特色菜推销

（1）什么样的菜品需要特殊推销。一家成功的餐厅很少将菜单上的菜品"同样处理"。如果菜单上的每个菜品都详细介绍，就无法突出重点。因此，一张好的菜单应选择部分菜品进行特殊推销，以引起客人的特别注意。从餐厅经营的角度出发，以下两类菜品需要特殊推销：

一类是能使餐厅扬名的菜品。餐厅应有意识地计划几种菜品使餐厅扬名，这些菜品应有特色且价格不能太贵。

另一类是餐厅愿意多销售的菜品。价格高、毛利大、容易烹调的菜品是餐厅最愿意销售的菜品。

（2）如何利用菜单进行特殊推销。利用菜单进行特殊推销的方法有多种，主要包括：一是用粗字体、大号字体或特殊字体列出菜名；二是对特色菜进行较为详细的推销性介绍；三是利用线条或其他图形使特色菜比其他菜看更令人瞩目；四是将特色菜放在菜单上引人注目的位置；五是为特色菜附上漂亮的彩色照片。

四、菜单设计的原则

菜单对餐厅的经营管理具有重要意义，所以餐厅在设计菜单时不能马虎了事。菜单设计应遵循以下原则：

（1）以客人需求为导向。满足客人需求是餐厅经营制胜的根本，所以菜单的设计也应以客人的需求为导向。

（2）体现餐厅自身特色。即使大众化的餐厅，也会有几道拿手菜、看家菜。因此，菜单设计一定要突出餐厅自身的特色，将餐厅的"拳头产品"放在菜单的醒目位置单列介绍，这样才能给客人留下深刻的印象。

（3）不断创新以适应新形势。社会不断发展，客人的口味也在不断变化，所以菜单也应推陈出新，最好一个季度或半年更换一次。如果菜单长期不换，餐厅就会缺乏吸引力，从而失去客人，也不利于厨师烹调技艺的提高。

（4）形式美观大方。菜单不但是餐厅的宣传工具，而且是一件艺术品。菜单的式样、大小、颜色、字体、纸张等应与餐厅的等级和气氛相协调，与餐厅的陈设、布置、餐具、服务人员的服装相适应。对于大众化的餐厅来说，尽管菜单的形式不必十分精美，但是如果能够做到美观大方，对提高菜品的销售量也是十分有帮助的。

训练指导

◎　工作思路

通过对菜单设计和制作基础知识的讲解和操作技能的训练，学生应了解菜单的作用、分类、内容和设计原则，掌握菜单设计的方法、技巧和制作程序，达到能够设计美观菜单的训练要求。

◎　工作准备

（1）准备好制作菜单时参考的各种资料。
（2）准备好制作菜单时使用的照片和图形。
（3）构思菜单，设计菜单中的文字介绍。
（4）确定菜单的风格和类型。

◎　操作方法

教师先讲解，用实物进行展示，然后由学生设计，教师再进行评比、总结。

◎　技能训练

一、菜单设计和制作的程序

菜单的设计和制作应按部就班、有条不紊地进行。具体来说主要包括以下四个步骤：

1.准备所需参考资料

（1）各种旧菜单，包括企业正在使用的菜单。

（2）标准菜谱档案。

（3）库存信息和时令菜单、畅销菜单等。

（4）每份菜肴的成本。

（5）有关烹饪技术的书籍、普通词典、菜单词典。

（6）食品饮料一览表。

（7）销售资料。

2.推行标准菜谱

标准菜谱是指有关菜点烹饪方法及原理的说明卡，它列明了某一菜点在生产过程中所需要的各种主料、辅料及调料的名称、数量，装盘工具及其他必要信息。推行标准菜谱不但有利于计划菜肴成本，而且有利于经营人员充分了解菜点的生产和服务要求。

3.初步设计构思

初步设计构思时，可选用一张空白表格，把可能提供给客人的菜点、酒水等填入表格，综合考虑各项因素后，确定菜单的内容。

4.确定最终样式

召集广告宣传人员、有经验的厨师及相关管理人员，对菜单的封面、式样、图片、文字说明等进行讨论，确定菜单最终样式。

设计和制作菜单时，无论处于哪个步骤，设计者都必须把客人的需求放在第一位，然后以此为依据，做好各步骤的工作。

二、菜单设计和制作的技巧

1.菜单的制作材料

菜单的制作材料好，不但体现了菜单较好的外观质量，而且能够给客人留下较好的第一印象。因此，设计者应根据菜单的使用方式合理选择制作材料，既要考虑餐厅的类型，也要顾及制作成本。一般来说，长期重复使用的菜单，应选择经久耐磨又不易沾染油污的纸张；分页菜单往往由一个厚实耐磨的封面加上纸质稍逊的活页内芯组成；一次性使用的菜单一般不考虑纸张的耐磨、耐污性能，但这并不意味着可以粗制滥造。此外，许多高规格的宴会菜单虽然只使用一次，但仍然要求选材精良、设计优美，以此来体现宴会服务的规格和餐厅档次。

2.菜单封面与封底的设计

菜单的封面与封底是菜单的"门面"，关乎菜单的整体设计效果，所以在设计菜单封面与封底时应注意以下四项要求：

（1）菜单的封面代表着餐厅的形象，因此封面必须能够反映餐厅的经营特色、风格和等级等特点。

（2）菜单封面的颜色应当与餐厅内部环境的颜色相协调，以使餐厅内部环境的色调更加和谐。

（3）餐厅的名称一定要设计在菜单的封面上，笔画要简单，并且要容易读，容易记忆，这样既可以提高餐厅的知名度，又可以树立餐厅的形象。

（4）菜单的封底应当印有餐厅的地址、电话号码、营业时间及其他营业信息。

3.菜单文字的设计

菜单的信息主要通过文字向客人传递，所以文字的设计相当重要。

通常来说，菜单的文字介绍应该做到描述详尽，起到推销的作用，而不能仅列出菜肴的名称和价格。菜单的文字介绍主要包括食品名称、描述性介绍、餐厅声誉的宣传（包括优质服务及烹调技术等）三个方面的内容。

此外，菜单文字字体的选择也很重要，菜单上的菜名一般用楷体书写，以阿拉伯数字排列、编号。文字的印刷应端正，使客人在餐厅的光线下很容易看清楚。

4.菜单插图与色彩的运用

为了增强菜单的艺术性和吸引力，设计者往往会在菜单的封面和内页上使用一些插图。插图的色彩必须与餐厅的整体环境相协调。菜单中常见的插图主要有：菜点图片、中国名胜古迹图片、餐厅外貌图片、重要人物在餐厅就餐的图片。除此之外，几何图案、抽象图案等也经常作为插图使用，但这些图案应与餐厅的经营特色相协调。在使用插图时，一定要注意图片的印刷质量，否则无法达到预期效果。

此外，色彩的运用也很重要。赏心悦目的色彩不但会使菜单更具有吸引力，而且能够反映出一家餐厅的风格和情调。不同的色彩会使人产生不同的心理感受，具有不同的暗示特征，因此选择菜单的色彩时一定要注意餐厅的性质和客人的类型。

5.菜单规格和篇幅的设计

菜单规格应与餐厅的类型与面积、餐桌的大小和座位空间等因素相协调，使客人拿起来舒适，读起来方便，因此菜单开本的选择应慎重。调查资料表明，最理想的菜单开本为23厘米×30厘米。设计者在确定了菜单的内容和样式，并将菜品清单列出后，应选择几种较适合的开本，排列不同型号的铅字进行对比。通常来说，文字占总篇幅的比例不能超过50%。

三、零点菜单设计和制作的程序与方法

（1）根据经营风味特色，初拟菜单结构。

（2）根据餐饮规模和生产能力，确定菜点数量。

（3）针对目标顾客的消费水平，确定具体菜点品种。

（4）确定菜肴的主、配料用量，落实盛具，规定小、中、大等不同规格。

（5）核算成本，确定菜点的毛利及售价，保证综合毛利和纯利目标的实现。

（6）分类平衡，调整完善菜单结构。

（7）规定菜点质量标准，筹备原料，准备推出。

（8）编排菜单版面，选用合适的字体、纸张，交予印刷。

四、宴会标准菜单设计和制作的程序与方法

（1）根据客人的消费水平，确定不同的宴会标准。

（2）落实菜单结构，确定菜单菜点数量。

（3）根据原料情况，初拟菜单菜点品种。

（4）结合技术力量和设备用具，确定菜单菜点品种。

（5）结合菜肴特点，落实盛器，确定装盘规格。

（6）规定每道菜点的用料，开出标准食谱，核算整桌成本，进行相应调整。

（7）交予印刷。

五、高规格宴会菜单设计和制作的程序与方法

（1）根据客人组成情况和客人的要求，初拟菜单。

（2）根据接待标准，确定菜肴道数和点心、汤等的比例。

（3）结合客人饮食喜好，开出菜单菜点的具体品种。

（4）根据菜点品种确定加工规格、分量和装盘形式。

（5）开出用料标准，确定盛器，初步核算成本。

（6）报领导审批，调整完善菜单，将确定后的菜单交予印刷。

六、团队菜单设计和制作的程序与方法

（1）根据团队人员的构成，确定菜肴风味。

（2）根据接待标准，确定菜肴道数和菜点、汤等的比例。

（3）结合季节交叉用料，开出菜单菜点品种。

（4）列出原料，确定盛器，建立标准食谱。

（5）核算成本，调整完善整个菜单。

（6）征询意见，落实菜单，筹备原料。

（7）打印分发，依照执行。

工作要点4-5

在菜单的设计制作及使用过程中，以下行为应当避免：

（1）制作材料选择不当。有的餐厅为了节省成本，会采用各色簿册制品，如文件夹、讲义夹等，而不是采用专门设计的菜单。这样的菜单不但不能起到点缀餐厅环境、烘托餐厅气氛的效果，反而会与餐厅的风格格格不入，显得不伦不类。

（2）规格和装帧不当。很多小餐厅的菜单都是以16开普通纸张制作，这个尺寸无疑过小，很容易造成菜肴名称等内容的排列过于紧密，甚至主次难分；有的菜单甚至只有练习本大小，但页数竟有几十张，无异于一本小杂志。

（3）随意涂改菜单。随意涂改菜单是菜单使用过程中最常见的弊端之一。涂改的方法主要有：用钢笔、圆珠笔直接涂改；用电脑打印纸、胶布粘贴。随意涂改菜单会使菜单显得很不雅观，从而引起客人的反感。

情景案例4-4

菜单风波

情景案例4-5

菜单欣赏

学习评价与记录

一、学习评价

根据本工作任务所学内容，按照表4-7进行学习评价。

表4-7　　　　　　　　　　菜单设计和制作工作学习评价表

考核项目	考核要点		配分	得分
知识掌握	菜单的作用		5分	
	菜单的分类		5分	
	菜单的内容		5分	
	菜单设计的原则		5分	
技能操作	菜单设计和制作模拟训练	参考资料齐全	5分	
		标准食谱详细	5分	
		初步设计构思合理	5分	
		最终样式符合餐厅特点且具有实用性	10分	
	宴会标准菜单设计和制作模拟训练	初步设计构思合理	10分	
		菜点品种适当	10分	
		标准食谱详细	10分	
		设计精美且具有实用性	10分	
素质养成	创新能力		5分	
	审美能力		5分	
	职业热爱		5分	
合计分数			100分	

二、学习记录

根据本工作任务所学内容，填写表4-8学习记录卡。

表4-8　　　　　　　　　　学习记录卡

工作任务		学习时间	
姓　　名		学　　号	
学习方式	个人（　　）　　　小组（　　）　　　　小组成员：		
工作过程			
技能创新			
学习体会			

任务五　餐厅投诉处理

◎ **学习目标**

1.知识目标
- 了解客人投诉的内容。
- 了解投诉的种类。
- 掌握处理投诉的原则。
- 掌握处理投诉的程序与标准。

2.能力目标
- 能够分辨投诉的种类。
- 能够正确处理客人投诉。

3.素养目标
- 培养学生灵活应变的沟通能力。
- 培养学生认真负责的工作态度。
- 培养学生爱岗敬业的职业精神。

工作导入

工作描述：某日，某宴会厅接待了一个五桌的寿宴，接待完毕，客人顺利地结了账。次日，寿宴客人到餐厅投诉昨日的宴席没上鱼，并要讨个说法。餐厅经过调查得知，客人在预订时确实点了"黄椒蒸鲈鱼"，但由于服务员工作粗心，开漏了分单，最终厨房无单无出品。面对客人的投诉，餐饮部经理该如何处理呢？

工作要求：处理方法得当，让客人满意。

知识储备

投诉是指客人将他们主观上认为由于酒店工作失误而引起的麻烦或者损害了他们利益的情况向服务人员提出或向有关部门反映的一种行为。

一、客人投诉的内容

客人投诉的内容是多种多样的，主要有以下几种：

1.对酒店工作人员服务态度的投诉

虽然不同消费经验、不同个性的客人对服务态度的敏感度不同，但评价标准不会有太大差异。尊重需要强烈的客人往往将服务态度欠佳作为投诉内容，具体表现为：

（1）服务员待客不主动，给客人以被冷落、被怠慢的感觉。

（2）服务员待客不热情，表情生硬、呆滞甚至冷淡，言语不亲切。

（3）服务员缺乏修养，动作无礼，语言粗俗，嘲笑、辱骂客人。

（4）服务员的态度咄咄逼人，使客人感到难堪。

（5）服务员无根据地怀疑客人行为不轨。

2.对酒店某项服务效率低下的投诉

如果说上述投诉是针对具体服务员的，那么这类投诉往往是针对具体事件而言的，如餐厅上菜、结账速度太慢，使客人等候时间过长。在这方面进行投诉的客人有的是急性子，有的是有要事在身，有的确因酒店服务效率低下而蒙受经济损失，有的则是因心境不佳而借题发挥。

3.对酒店设施设备的投诉

因酒店设施设备使用不正常、不配套、不卫生，或服务项目不完善而让客人感觉不便，也是客人投诉的主要内容，如空调控制不良，会议室未能配备所需要的设备等。

4.对酒店工作人员服务方法欠妥的投诉

因服务方法欠妥而对客人造成伤害或使客人蒙受损失，如服务员与客人意外碰撞而导致客人被烫伤，也会引发客人投诉。

5.对酒店违约行为的投诉

当客人发现酒店做出的承诺未兑现时，就会产生被欺骗、被愚弄、不公平的愤怒心理，如酒店未兑现给予优惠的承诺，或酒店接受的某项委托代办服务未能按要求完成等。

6.对酒店产品质量的投诉

餐具、食品不洁，食品未熟、变质，怀疑酒水是假冒伪劣产品等，均可能引起客人投诉。

7.其他投诉内容

（1）服务员违反有关规定（如向客人索要小费），损坏、遗失客人物品。

（2）服务员不熟悉业务，一问三不知。

（3）客人对价格有异议。

（4）客人对周围环境、安保工作不满意。

（5）客人对管理人员的投诉处理有异议。

二、投诉的种类

1.控告性投诉

控告性投诉是指投诉人已被激怒，情绪激动，要求酒店做出某种承诺的一种投诉方式。

2.批评性投诉

批评性投诉是指投诉人心怀不满，但情绪相对稳定，只是把这种不满告诉酒店，不一定要求酒店做出什么承诺的一种投诉方式。

在线课堂4-5

顾客投诉的内容

3.建设性投诉

建设性投诉是指投诉人通常不是在心情不佳的情况下投诉的，恰恰相反，这种投诉很可能是随着投诉人对酒店的赞誉而发生的。

三、处理投诉的原则

1.有章可循，预防为主

酒店不但要有专门的制度和人员来处理客人投诉，而且要做好各种预防工作，防患于未然。因此，酒店应不断提高全体员工的素质和业务能力，使员工树立全心全意为客人服务的思想。

2.坚持"宾客至上"的服务宗旨

对于客人的投诉，酒店应持欢迎态度，不与客人争吵，不为自己辩护。接待投诉客人，受理投诉，处理投诉，这本身就是酒店的服务项目之一。管理人员受理投诉时，应真诚地听取客人的意见，表现出愿为客人排忧解难的诚意，对失望痛心者好言安慰并深表同情，对脾气暴躁者豁达礼让并理解为怀，争取圆满解决问题。如果说投诉客人都希望获得补偿的话，那么在处理投诉的过程中，管理人员如果能以最佳的服务态度对待客人，这对通情达理的客人来说，也算得上是某种程度的补偿。

3.兼顾客人和酒店双方的利益

管理人员在处理投诉时，身兼两种角色：一种角色是酒店的代表，管理人员代表酒店受理投诉，因此他必须考虑酒店的利益；另一种角色是客人的代表，只要管理人员受理了客人的投诉，他就必须代表客人去调查事件的真相，给客人以合理的解释，为客人追讨损失赔偿。客人直接向酒店投诉的行为反映了客人相信酒店能公正妥善地解决当前的问题。为了回报客人的信任，以实际行动鼓励这种"要投诉就在酒店投诉"的行为，管理人员必须以不偏不倚的态度，公正地处理投诉。

4.分清责任

管理人员在处理投诉时应分清责任，不但要明确造成客人投诉的责任部门和责任人，而且要明确处理投诉的各部门、各类人员的具体责任与权限。

训练指导

◎　**工作思路**

通过对餐厅投诉处理的讲解和操作技能的训练，学生应了解投诉的内容和种类，掌握处理投诉的原则、程序及技巧，达到能够熟练处理简单投诉问题的训练要求。

◎　**工作准备**

（1）准备好处理投诉时使用的笔、本等用品，记录客人投诉的内容。

（2）了解酒店的规章制度与投诉事故处理原则，掌握投诉的处理方法。

（3）了解不同类型客人的性格特点，能够根据情况"对症下药"。

◎　操作方法

　　教师先讲解、示范，学生分组设计投诉事故，分角色扮演服务员和客人，进行餐厅投诉事故处理模拟训练，教师再进行指导。

◎　技能训练

一、处理投诉的程序与标准

　　（1）有礼貌地接待客人，请客人坐下，慢慢讲。

　　（2）对于情绪激动的客人，应奉上茶水或其他不含酒精的饮料。

　　（3）耐心、专注地倾听客人的陈述，不要急于辩解、打断或反驳客人，用恰当的表情表示自己对客人遭遇的同情，必要时做记录。

　　（4）区别不同情况，妥善安置客人。对于求宿客人，可将其安置于大堂或酒吧稍事休息；对于本地客人和离店客人，可请他们留下联系电话或地址，为了不耽误客人的时间，可以请客人先离店，明确告知客人给予答复的时间。

　　（5）着手调查，必要时向上级汇报情况，请示处理方式，给出处理意见。

　　（6）将调查情况与客人进行沟通，向客人进行必要的解释，争取客人同意处理意见。

　　（7）向有关部门落实处理意见，监督、检查有关工作的完成情况。

　　（8）再次倾听客人的意见，询问客人是否满意。

　　（9）把事件经过及处理意见整理成文字材料，存档备查。

二、处理投诉的技巧

　　1.耐心倾听

　　耐心倾听客人的抱怨，不要轻易打断客人，更不能批评客人的不足，应鼓励客人倾诉下去。客人把牢骚发完后，怨气就会少很多。

　　2.态度诚恳

　　客人有抱怨或投诉，意味着客人对酒店的产品不满意，如果管理人员在处理投诉的过程中态度不友好，就会使客人更加不满意。如果管理人员态度诚恳，热情礼貌，就可以消除客人的抵触情绪。

　　3.迅速受理

　　迅速受理投诉有以下四个方面的好处：一是使客人感觉受到尊重；二是表明酒店解决问题的诚意；三是可以防止客人的负面渲染给酒店带来更大的损失；四是可以把酒店的损失降到最低。因此，酒店在处理客人投诉时应迅速，最好当天给客人一个初步的答复。

　　4.言语得体

　　客人投诉时在言语方面可能会过激，如果管理人员与客人针锋相对，势必会恶化彼此关系。在解释问题的过程中，管理人员应注意措辞，即使客人不对，也不要直接指出，应尽量用婉转的语言和客人沟通。

在线课堂4-6

处理投诉的
技巧

5.合理补偿

客人投诉酒店，在很大程度上是因为他们的利益受到了损害。因此，客人希望获得安慰和经济补偿是十分正常的。这种补偿可以是物质上的，如换菜、打折、赠送水果等；也可以是精神上的，如道歉等。让客人心满意足是补偿的原则，但这并不意味着要大送特送，让客人感受到酒店的诚意即可。

工作要点4-6

（1）处理投诉以弄清情况、平息事态为目的，不要跟着客人的情绪走。

（2）处理投诉应注意倾听，千万不能急于辩解。

（3）处理投诉应语言得体、解释适当、表达准确，不要火上浇油。

（4）给予客人的承诺一定要兑现，不可言而无信。

（5）对于客人在大众点评等在线平台的投诉，管理人员也要予以高度重视，及时回复。

情景案例4-6

石斑鱼与套房

德技兼修4-2　　　　　　　依法经营，诚实守信

2023年4月30日，张家界市市场监督管理局接到消费者投诉，称在张家界市某餐饮店点菜时菜单中标价为188元/份的洞藏极品娃娃鱼被告知售价为188元/斤。接到投诉后，执法人员立即到该餐饮店进行调查了解。经核查，该餐饮店承认消费者的投诉属实。

市场监管部门认为，该餐饮店菜单中标价为188元/份的洞藏极品娃娃鱼，在顾客实际点单时被告知为188元/斤的行为，涉嫌存在不按规定明码标价的违法行为，将对该店做出行政处罚。

资料来源　佚名.涉嫌价格欺诈！张家界两家商户被通报[EB/OL].[2023-05-02].https://3w.huanqiu.com/a/1ad91d/4CjVjGXR3LV.

思政元素：依法经营　诚实守信

学有所悟：诚实守信是中华民族的传统美德，保护消费者合法权益是全社会共同的责任。党的二十大报告中提出："弘扬诚信文化，健全诚信建设长效机制。"因此，餐厅在经营中应做到：依法经营，诚实守信；真实宣传，正确引导；合理定价，明码实价；公平交易，有序竞争；保证质量，消费安全；化解纠纷，及时公正；尊重人格，保护隐私；节约环保，科学发展。

学习评价与记录

一、学习评价

根据本工作任务所学内容，按照表4-9进行学习评价。

表 4-9　　　　　　　　　　餐厅投诉处理工作学习评价表

考核项目	考核要点		配分	得分
知识掌握	客人投诉的内容		5分	
	投诉的种类		5分	
	处理投诉的原则		10分	
	处理投诉的程序与标准		10分	
技能操作	餐厅投诉处理模拟训练	尊重客人，精神饱满	10分	
		礼貌问候，用语规范	10分	
		举止优雅，灵活应变	10分	
		按照餐厅投诉处理流程，有效解决客人投诉	10分	
素质养成	灵活应变的沟通能力		10分	
	认真负责的工作态度		10分	
	爱岗敬业的职业精神		10分	
合计分数			100分	

二、学习记录

根据本工作任务所学内容，填写表箕-10 学习记录卡。

表 4-10　　　　　　　　　　　学习记录卡

工作任务		学习时间	
姓　名		学　号	
学习方式	个人（　　） 小组（　　） 小组成员：		
工作过程			
技能创新			
学习体会			

工作项目小结

本项目主要介绍了酒水服务、西餐服务、客房送餐服务、菜单设计和制作、餐厅投诉处理内容。在餐厅日常经营中，餐厅管理者要重视拓展员工的服务技能，从而为客人提供尽善尽美的服务。

工作项目测试 ☑️ ─────────────── ⦿

一、选择题

1.按生产（　　）划分，白酒可分为粮食白酒、薯类白酒、代粮酒等。

A.工艺　　　　　　　B.质量　　　　　　　C.年份　　　　　　　D.原料

2.头盆是开餐的（　　）菜，旨在开胃，所以又称开胃品或开胃菜。

A.第一道　　　　　　B.第二道　　　　　　C.第三道　　　　　　D.第四道

3.客房送餐服务人员应认真倾听并准确记录客人所点菜点、酒水的（　　）及制作或服务要求，解答客人疑问。

A.颜色、数量　　　　B.口味、度数　　　　C.形状、度数　　　　D.种类、数量

4.下列菜单中不是按功能分类的是（　　）。

A.零点菜单　　　　　B.宴会菜单　　　　　C.套菜菜单　　　　　D.桌垫式菜单

5.下列关于投诉处理的原则说法错误的是（　　）。

A.有章可循，预防为主　　　　　　　　B.坚持"宾客至上"的服务宗旨

C.兼顾客人和酒店双方的利益　　　　　D.不用分清责任

在线测评4-1

选择题

二、判断题

1.剑南春酒产于贵州，属浓香型，具有芳香浓郁、醇和甘甜、余香悠长等特点。

（　　）

2.西餐特别讲究肉类菜肴的鲜嫩，以保持养分。　　　　　　　　　　（　　）

3.接受客房订餐的服务员应熟知送餐服务时间、收费标准和等候时间等。

（　　）

在线测评4-2

判断题

4.食品原材料采购的数量、种类，以及食品的烹调制作方式等都依据菜单而定。

（　　）

5.控告性投诉是指投诉人已被激怒，情绪激动，要求酒店做出某种承诺的一种投诉方式。　　　　　　　　　　　　　　　　　　　　　　　　　　　（　　）

主要参考文献

［1］王敏．餐饮服务与运营［M］．北京：清华大学出版社，2023.

［2］孔英丽，秦晶．餐饮服务技能实训［M］．北京：科学出版社，2021.

［3］汪京强．餐饮服务与管理［M］．3版．北京：科学出版社，2021.

［4］李勇平．餐饮服务与管理［M］．6版．大连：东北财经大学出版社，2021.

［5］谢红霞．餐饮服务与管理：理论、实务、技能实训［M］．2版．北京：中国人民大学出版社，2021.

［6］郭彧，马啸晴．餐饮服务实训教材［M］．北京：中国铁道出版社，2021.

［7］孙娴娴．餐饮服务与管理综合实训［M］．3版．北京：中国人民大学出版社，2021.

［8］王海霞．餐饮服务实训教程［M］．北京：电子工业出版社，2020.

［9］匡仲潇．餐饮服务难题应对技巧［M］．北京：化学工业出版社，2020.

［10］魏芬．餐饮服务与管理［M］．安徽：安徽大学出版社，2020.

［11］李庆红．餐饮服务技能训练［M］．重庆：重庆大学出版社，2019.

［12］谭淑玲．餐饮源全管理系统［M］．上海：上海科学技术文献出版社，2019.

［13］滕宝红．餐饮管理实操：从入门到精通［M］．北京：人民邮电出版社，2019.

［14］崔梦萧，陈海凤．餐饮服务与管理［M］．北京：中国人民大学出版社，2019.

［15］郑燕萍．餐饮服务技能［M］．厦门：厦门大学出版社，2017.

［16］鹤九．互联网+餐饮：一本书读懂餐饮互联网思维［M］．北京：电子工业出版社，2016.

附录
全国职业院校技能大赛酒店服务赛项解读

　　全国职业院校技能大赛（以下简称大赛）是教育部发起并牵头，联合国务院其他有关部门以及有关行业组织、人民团体、学术团体和地方共同举办的一项公益性、全国性职业院校师生综合技能竞赛活动，是国家职业教育的重大制度设计与创新，也是推动职业教育高质量发展的重要抓手。

　　酒店服务赛项作为大赛的赛项之一，以"借鉴国际标准、突出中国特色、贴近生产实际、体现工作过程"为宗旨，推动职业教育旅游大类专业"以赛促学、以赛促教、以赛促改、发挥示范引领作用"的教育教学改革，促进旅游大类专业高素质技术技能人才的培养。下面我们从竞赛组织、赛题特点、评分标准、备赛策略四个方面对酒店服务赛项（高等职业教育）进行较为详细的分析和解读。

一、竞赛组织

1.竞赛命题公开

本赛项的考核项目、赛题样卷、评分标准等内容在赛前统一公开发布。

2.竞赛物品提前发布

竞赛物品除大赛统一提供的以及规程不允许自带的物品外，其他物品可由参赛队根据比赛需要自行准备。竞赛物品的详细信息会在比赛前公开发布。如果有变动，最终以竞赛场地提供的物品为准。

3.团队参赛

本赛项为团体赛，每个代表队由三位选手组成，具体分工由参赛队报名时确定。同一学校相同赛项参赛队不超过一队，团体赛不允许跨校组队，每队限报两名指导教师，指导教师须为本校专兼职教师。

二、赛题特点

1.无理论测试

与其他竞赛项目不同，本赛项无单独的理论测试部分，但会在工作过程中考核选手对理论的理解和运用，如安全操作、主题宴会设计方法等。

2.竞赛内容

本赛项由前厅接待、中餐服务和西餐服务三个模块组成。其中，前厅接待为办理入住、退房离店、投诉或突发事件处理三项内容；中餐服务为主题宴会设计、宴会服务两项内容；西餐服务为休闲餐厅服务内容。赛项内容涵盖了旅游大类酒店管理与数字化运营专业的核心技能和相关岗位的职业素养，反映了现代酒店工作的个性化服务、信息化操作、国际化趋势的特点，体现了酒店工作过程的规范化、实境化、流程化、个性化与职业化要求。

三、评分标准

1.评分组成

大赛最终成绩由前厅接待（30分）、中餐服务（40分）、西餐服务（30分）三个部分构成，总计100分。评分方式分为测量和评价两类，主要为过程性评分。凡可采用客观数据表述的评判称为测量；凡需要采用主观描述进行的评判称为评价。

2.评分办法

测量分打分方式：按模块设置若干个评分组，每组由三名及以上裁判构成。每组所有裁判一起商议，对该选手在该项中的实际得分达成一致后，最终只给出一个分值。

评价分打分方式：按模块设置若干个评分组，裁判各自单独评权重分，计算出平均权重分，除以3后再乘以该子项的分值计算出实际得分。裁判相互间分差必须小于等于1档，否则需要给出解释并在小组长或裁判长的监督下进行调分。

3.统分方法

各组裁判对得分进行复核后由工作人员录入、统计，小组长签字，裁判长审核签字，最后由大赛监督仲裁组组长确认后发布。

四、备赛策略

1.解读赛项规程，关注比赛信息

详细解读赛项规程，关注比赛信息，是对参赛团队最基本的要求。首先，了解赛场物品，包括品名、技术参数以及是统一提供还是自备等。其次，了解竞赛内容、竞赛方式、竞赛流程、竞赛规则、成绩评定等内容，详细分析赛题样卷。

2.建立竞争机制，储备优质选手

本赛项主要考核学生在酒店服务工作中的规范操作、创新设计、对客服务、社交沟通、组织管理、产品营销等职业能力和细致周到、主动热情的职业素养，训练过程和比赛过程都非常辛苦。这要求参赛选手必须具有明确的奋斗目标、较强的钻研精神、较好的心理素质和抗干扰能力。指导教师可以通过建立竞争机制，对参赛选手进行层层筛选，最终确定参赛选手名单，同时要注意储备一定数量的优质备选参赛选手。

3.制订训练计划，保证训练顺利进行

制订科学合理的训练计划，既要有整体的长期目标，也要有分阶段的短期目标。例如，本月要完成"前厅接待"训练项目，就可以周为单位，确定每天的训练时间和训练内容，设定每天的小目标，照此类推，从而保证训练能够按部就班地顺利进行。

4.组织模拟比赛，提高临场应变能力

在完成日常训练的同时，还应组织一些模拟比赛，让参赛选手按照大赛的时间要求、试题难度模拟比赛，培养参赛选手处变不惊的良好心理素质及临场应变能力，从而真正实现对大赛的适应。赛后要回顾模拟比赛的过程，指出错误和不足之处并加以分析，找到解决问题的方法，避免下次犯同样的错误。

5.营造良好氛围，轻松参加比赛

经过长时间的训练和模拟比赛，选手在临近比赛时往往会出现焦躁、紧张的情绪，这时要把整个紧张的训练节奏减缓下来，做到练得轻松、训得有效。同时，指导教师要多与参赛选手交流沟通，做好心理辅导，引导参赛选手不要过分关注比赛结果，给予参赛选手更多的肯定和鼓励，减轻参赛选手的压力，使参赛选手轻松参加比赛。

6.总结赛后经验，争取扬长避短

本赛项每年比赛后都会留有影像资料，各院校可以组织参赛选手和训练团队召开技能大赛总结会，学习其他院校的优点，发现自身不足，为下一次比赛积累经验。

知识拓展附-1

全国职业院校
技能大赛酒店
服务赛项规程

Canting Fuwu Jineng

餐厅服务技能

（第五版）

王 敏 陈 金 主 编

庞志有 副主编

配套资源

在线课堂　操作视频

情景案例　模拟对话

作品欣赏　在线测评

教学课件　课程教案

ISBN 978-7-5654-4913-0

定价: 45.00元